AF295454

John Owen

Kristuksen kirkon kauneus

Alkuperäisteos: John Owen, THE BRANCH OF THE LORD, The Beauty of SION: OR, The Glory of the CHURCH, in It's Relation unto CHRIST. Edinburgh 1650.

Suomennos: Sirkka Perälä © 2021

Kielenhuolto: Marjatta Pasanen

Taitto: Aukusti Kuoppala, Tamkopio oy

Raamatun jakeet: Raamattu kansalle ry. käännös tai suorasanaiset suomennokset Owenin tekstistä, jossa käytetty useimmiten Kuningas Jaakon käännöstä (KJV)

Kustantaja: BoD – Books on Demand, Suomi

Valmistaja: BoD – Books on Demand, Norderstedt, Saksa

ISBN: 978-952-80-4961-6

JOHN OWEN

Kristuksen kirkon kauneus

Herran verso, Siionin kauneus. (Jes. 4:2-6) Kirkon loisto
Kristuksen lähellä.
Siionin vuori iloitsee, Juudan tyttäret riemuitsevat sinun,
Jumala, tuomioittesi tähden. Kiertäkää Siion, kulkekaa
sen ympäri, laskekaa sen tornit. Tarkastelkaa sen muureja,
kulkekaa sen linnoissa kertoaksenne niistä tulevalle suku-
polvelle. (Ps. 48:12-14)
Kirja on yhdistelmä kahdesta saarnasta, jotka Jumalan
sanan palvelija John Owen on pitänyt Berwickissä ja
Edinburghissa.

Edinburgh 1650

SISÄLLYSLUETTELO

1. ALKUSANAT

Jesajan kirja, luku 56, jae 7:
Minun huonettani on kutsuttava kaikkien kansojen rukoushuoneeksi.

Jesajan 56. luvun jakeissa 3 - 8 luvataan ja ennustetaan, että pakanoita ja muukalaisia kutsutaan Jumalan kirkkoon, tie avataan seremoniamääräysten tai muiden säädösten estämättä, sillä Kristuksen ristillä ne poistetaan. Näin toteutuu mahtava lupaus, joka on tässä samassa Jesajan profetiassa, 2. luvun jakeissa 2 ja 3:

*Päivien lopulla on Herran temppelin vuori seisova lujana, ylimpänä vuorista, korkeimpana kukkuloista, ja KAIKKI KANSAT virtaavat sinne. *PALJON VÄKEÄ* lähtee liikkeelle sanoen: "Tulkaa, nouskaamme HERRAN vuorelle, Jaakobin Jumalan huoneeseen, että hän opettaisi meille teitään ja että me vaeltaisimme hänen polkujaan. Sillä Siionista lähtee opetus, Jerusalemista HERRAN sana." (* KJV)*

Sanat Jesajan 56. luvun jakeessa 7 ovat aiemman kertausta ja tiivistelmä pakanoiden kutsumisesta pyhälle vuorelle eli Kristuksen hengelliseen kirkkoon.

Jakeessa kerrotaan myös tulijoille suunnitellusta jumalanpalveluksesta: *Heidän polttouhrinsa ja teurasuhrinsa minun alttarillani ovat minulle mieluisat.*

Vastaavanlainen on Malakian ihana ennustus kutsuttujen pakanoiden juhlavasta jumalanpalveluksesta:

Auringonnousun maista aina auringonlaskun seuduille asti minun nimeni on oleva suuri kansojen keskuudessa. Joka paikassa uhrataan suitsuketta minun nimeni kunniaksi ja tuodaan puh-

das ruokauhri. Minun nimeni on oleva suuri kansojen keskuu-
dessa, sanoo HERRA Sebaot. (Mal. 1:11)
Pakanataustaisten pyhien hengellisiä palvelusmenoja ku-
vaillaan seremoniallisten toimitusten avulla jatkuvasti,
mainitaan suitsutus, alttari ja uhri, Herran säätämät palve-
lusmenot, jotka Hän hyväksyy mitä mieluisimmin.
Jumalan lupaus näkyy yhä selkeämpänä, säteillen elämää
ja kauneutta aina edelleen. Aiemmat uhrit ja polttouhrit
ovat vaihtuneet rukoukseen.
Ne, jotka ennen olivat muukalaisia, kuuluvat nyt kansaan,
ja heitä on monenlaisia, koko maailmasta, eikä kenenkään
välille tehdä mitään erotusta.
Muuri on murtunut.
Minun huonettani on kutsuttava kaikkien kansojen rukoushuo-
neeksi.

2. MILLAINEN ON JUMALAN TALO

Jumalan huonetta eli taloa luonnehtii kolme erityispiirrettä:

*Se on Hänen omansa, *minun huoneeni.*

*Se on tarkoitettu *kaikille ihmisille.*

*Siellä asuvat rukoilevat, siksi sitä kutsutaan *rukoushuoneeksi.*

Jumalan huonetta eli taloa voidaan katsoa kahdelta kannalta, maallisesti ja hengellisesti.

1. Maallisesti

Jumalan huone on ollut fyysinen rakennus eli temppeli Jerusalemissa. Pyhine seremonioineen se on kuvastanut todellisen temppelin hengellistä pyhyyttä.

Vapahtajamme lausui tästä temppelistä: *on kirjoitettu: 'Minun huoneeni on oleva rukouksen huone.'* (Matt. 21:13)

Tämä temppeli ei nyt ole tarkastelumme kohteena.

2. Hengellisesti

Kristuksen kirkkoon kootaan Hänelle väkeä kaikista kansoista. Siellä uhrataan hänelle jokapäiväinen uhri, ja siellä hengellinen uhraaminen on jatkuvasti meneillään. (Dan. 11: 31)

Kristuksen kirkon kolme pääpiirrettä:

*Pyhistä, uskovista koostuva Kristuksen kirkko on Jumalan huone eli talo.

*Evankeliumin aikakaudella Kristuksen kirkkoon kootaan väkeä kaikista kansoista.

*Evankeliumin aikakaudella Kristuksen kirkossa on käytössä säädetyt toimitukset ja säädetty jumalanpalvelus.

JUMALAN TALO KOOSTUU USKOVISTA

Käsittelen nyt ensimmäistä kohtaa: pyhistä, uskovista koostuva Kristuksen kirkko on Jumalan huone eli talo. Hänen kirkkonsa muodostuu siis pyhistä, uskovista. Kristuksen kirkolla ymmärrän ensiksi niiden valtavaa määrää, jotka Hänen Isänsä on valinnut ennalta ja antanut Hänelle, ja jotka täten ovat lunastettuja, kutsuttuja ja vanhurskautettuja Hänen veressään;

kirkkoa, jota Hän rakasti ja antoi itsensä alttiiksi sen puolesta, että hän sen pyhittäisi, puhdistaen sen vedellä pesten, sanan kautta, ja asettaisi eteensä kirkastetun seurakunnan, vailla tahraa, ryppyä tai muuta sellaista, pyhän ja nuhteettoman. (Ef. 5:25-27)

Toiseksi ymmärrän Kristuksen kirkolla jokaista Siionin vuorella tapahtuvaa pyhää kokoontumista, jossa Herra Kristus on kauneutena ja kunnian kirkkautena, jokaista Hänen pyhiensä yksittäistä kirkkoa, joka on Hänen verellään lunastettuna luonteeltaan osa kokonaiskirkkoa. (Ap.t. 20:28)

TALON RAKENTEET

Tämä kirkko kuuluu Jumalalle, sen todistavat Jumalan omat sanat, joilla Hän omistaa sen itselleen: *Minun huoneeni.* Selvitän laajemmin, millä tavoin kyseessä on Jumalan huone eli talo. Kolme asiaa vaaditaan, jotta voi rakentaa talon:

perustus, rakennusmateriaalit ja niiden työstäminen sopiviksi, jotta talosta tulisi käyttökelpoinen.
Kaikki tämä toteutuu Kristuksen kirkossa.

PERUSTUS

Sillä on perustus.
Olen laskenut perustuksen, sanoo Paavali ja jatkaa: *muuta perustusta ei kukaan voi laskea sen lisäksi, mikä on jo laskettu, ja se on Jeesus Kristus.* (1. Kor. 3:10-11)
Perustuksen laskemisen, minkä Paavali teki palvelustyössään, oli Jumala jo tehnyt voimallaan ensin.
Näin sanoo Herra, HERRA: Katso, minä lasken Siioniin peruskiven, koetellun kiven, kalliin kulmakiven, lujan perustuksen. (Jes. 28:16)
Tämä perustus on kallio, jolle kirkko on rakennettu, ja juuri se saa aikaan, etteivät helvetin portit pysty kirkkoa voittamaan, sillä tämä kallioperustus voimistaa ja lujittaa rakennuksen, joka osaa koko ajan. (Matt. 16:18)

RAKENNUSAINEET

Perustus yksin ei tee taloa, vaan pitää olla rakennusaineita perustuksen päälle tehtävään rakennukseen. Sellaisia ovat elävät kivet, joista Pietari puhuu: *Rakentukaa itsekin elävinä kivinä hengelliseksi huoneeksi.* (1. Piet. 2:5)
Kaikki Jumalan valitut ovat kiviä, jotka sopivaan aikaan muotoillaan ja sovitetaan tähän rakennukseen.

RAKENNUSTYÖ

Raakamateriaali ei käy sellaisenaan, vaan se pitää työstää sopivan malliseksi ja asetella taiten, muuten tulee pelkkä kasa eikä talo. Sellaista ei kukaan tahdo.

Te olette apostolien ja profeettojen perustukselle rakennettuja, kulmakivenä itse Kristus Jeesus. Hänessä koko rakennus liittyy yhteen ja kasvaa pyhäksi temppeliksi Herrassa. Hänessä tekin rakennutte yhdessä muiden kanssa Jumalan asumukseksi Hengessä. (Ef. 2:20-22)

Näissä kolmessa jakeessa on paljon taivaallista arkkitehtuuria. Koskettelen nyt muutamaa kohtaa.

JEESUS PERUSTUKSENA

Tämän huoneen eli talon tai temppelin perustus on laskettu, ja se on Jeesus Kristus, muuta perustusta ei kukaan voi laskea. Häntä kutsutaan tärkeimmäksi kulmakiveksi ja profeettojen ja apostolien perustukseksi. Keitä ja millaisia he olivat, ei ole asian ydin vaan perustus, jonka he laskivat.

USKOVAT RAKENNUSAINEENA

Rakennuksen materiaalina ovat valitut, uskovat, joita edellisessä jakeessa luonnehditaan samaksi kansaksi pyhien kanssa ja Jumalan perheväeksi. Vain he ovat rakentuneina Kristuksen varaan ja täten liittyneinä

Häneen. Rakennuksessa ei ole yhtään kuollutta ja kelvotonta kiveä, siitä kerron myöhemmin lisää.

HENKI, PROFEETAT JA APOSTOLIT RAKENTAJINA

Rakennuksen arkkitehtejä eli rakentajia on kahdenlaisia: Henki on ykkösasemassa, Henki on tehnyt meistä Jumalan asumuksen. Hän on tämän työmaan mestari, ilman häntä ei rakennukseen liitetä yhtään kiveä.

Seuraavina asemassaan ja työssään ovat profeetat ja apostolit kahdella tavalla:

1. Henkilökohtaisella työpanoksellaan oman sukupolvensa aikana. Heillä oli työnään asettaa perustus ja huolehtia Herran huoneen rakentamisesta.

2. Julistamallaan opilla, jonka välityksellä profeettojen ja apostolien työ jatkuu tänäkin päivänä. Heidän oppinsa Raamatussa näyttää yhden perustuksen ja yhden tavan rakentaa sille.

YHTEEN LIITTYMINEN

Rakennuksessa kaikki on muotoiltu sopimaan ja niveltymään toisiinsa tiiviisti ja hyvin. Kaikki on sopusointuisesti yhdessä ja liittyneenä Kristukseen, joka on pää ja josta koko ruumis, nivelten ja jänteiden avulla koossa pysyen, kasvaa Jumalan antamaa kasvua. (Kol. 2:19)

MALLI VANHASTA LIITOSTA

Millainen rakennus, talo eli huone siis on kyseessä?
Sillä on useita nimiä, kuten 1. pyhä temppeli, 2. asumus ja
maja (eli tabernaakkeli tai ilmestysmaja). Se on tyypiltään
molempien pyhäkköjen - temppelin ja (ilmestys)majan -
kaltainen, sillä niiden tarkoituksena oli kuvata tulevaa.
Näin tulee erittäin selvästi ilmi, että Kristuksen kirkko on
Jumalan oma rakennus, Jumalan huone eli talo.

3. TALON OMINAISPIIRTEET JA SUHDE JEESUKSEEN

Selventääkseni lisää, otan esiin kaksi asiakokonaisuutta:
Kerron mitkä ovat Jumalan huoneen tärkeimmät ominaisuudet.

Kerron mikä on Jeesuksen Kristuksen suhde Jumalan huoneeseen ja miksi siitä käytetään nimeä Kristuksen kirkko.

Jumalan huoneen eli talon kolme tärkeintä ominaisuutta ovat: Se on elävä, vahva ja kunnian kirkkautta loistava rakennus.

RAKENNUS ON ELÄVÄ

Jumalan huone on elävä rakennus.
Tulkaa hänen luokseen, elävän kiven luo ... rakentukaa itsekin elävinä kivinä hengelliseksi huoneeksi. (1. Piet. 2:4-5)
Perustuksena Kristus on elävä kivi ja ne, jotka ovat rakentuneet hänen varaansa, ovat eläviä kiviä.
Kivien kerrotaan *liittyvän yhteen ja kasvavan* rakennukseksi. (Ef. 2: 21) Kasvu on sisäisen elämän merkki.
Jumalan huoneen kasvu on hengellistä, joten sen sisäinen elämä on hengellistä myös.
Jumalan huoneessa eletään hengellistä elämää, jonka täyteys johtuu sen perustuksesta. Hänellä, joka on perustus, on itsessään elämä, ja tämän elämän Hän on antanut huoneessaan jokaiselle. (Joh. 5:26)

Minut on Kristuksen kanssa ristiinnaulittu. Enää en elä minä, vaan Kristus elää minussa. (Gal. 2:19-20)
Totta on, että kivet, ollessaan vielä kiinni kalliossa, ovat yhtä kuolleita kuin muutkin, *ollen luonnostaan vihan lapsia niin kuin muutkin, synteihinsä ja rikkomuksiinsa kuolleita.*
(Ef. 2: 1-3)
Hän, joka lohkoo kivet irti ja muotoilee ne, antaa kiville elämän. Hän virvoittaa eloon rikkomuksiinsa ja synteihinsä kuolleet. Tässä rakennuksessa ei ole yhtään pilallista kuollutta kiveä. Vaikka jotkin pilaantuneet, kuolleet kivet tunkeutuisivatkin joukkoon, näyttäen päällisin puolin ihan hyviltä, ne eivät oikeasti ole rakennuksen osia.

RAKENNUS ON VAHVA

Jumalan talo on vahva rakennus.
Helvetin portit eivät voi sitä voittaa. (Matt. 16:18)
Tuli sade, virrat tulvivat, ja tuulet puhalsivat ja syöksyivät taloa vastaan, mutta se ei sortunut, sillä sen perustus oli laskettu kalliolle. (Matt. 7:25)
Me olimme kerran Aatamin päälle rakennettuna talona, mutta kun tuulet puhalsivat ja yltyivät pieksemään meitä, me romahdimme, ja romahdus oli perinpohjainen.
Aatami, meidän perustuksemme, oli parhaimmillaankin pelkkää hiekkaa.
Mutta nyt olemme rakennettuna kalliolle, joka kestää kaikki koetukset. Syöksykööt aallot jylisten rakennusta vastaan, ne murtuvat vain itse.

HEIKKO MATERIAALI?

Kysymys:
Mutta et varmaan sano, että heikkoa ja haurasta materi-
aalia voitaisiin käyttää rakennettaessa kalliolle, sillä eihän
luja perustus kuitenkaan tee talon hauraita osia vahvem-
miksi?

Vastaus:
Tämän talon, Herran huoneen, kohdalla on toisin, sillä
koko rakennus on niin kiinteä ja perustuksessaan tiukasti
kiinni, ettei se lepää ainoastaan sen päällä, vaan myös si-
sässä. Rakennusta ei saada romahtamaan tuhoamatta sen
perustusta.

Herran huoneen perustuksena on elävä kallio, joka antaa
rakennuksen jokaiselle
kivelle voiman pysyä Hänessä.

En nyt jatka selostamalla laajemmin talon suojavarustuk-
sia ja mahtavaa puolustusvoimaa. Olen kertonut perus-
tuksesta, se riittäköön selvittämään, että kyseessä on vahva
rakennus.

TALO SÄTEILEE KUNNIAN KIRKKAUTTA

Jumalan talo loistaa neljänlaista kunnian kirkkautta:

SISÄINEN KUNNIA

Jumalan talossa on sisäistä kunniaa, jota se on saanut
Jumalalta Jeesuksen Kristuksen kasvoista; talo on kaunis
siksi, että Kristus on pukenut sen ylle ihanan, suloisen
kauneuden.
Kristus puhuu siitä näin:
*Kuinka kaunis oletkaan, kuinka suloinen, sinä rakkain,
ihanuuksinesi!* (Laul.l. 7:6)
*Kaikki sinussa on kaunista, ystäväni; sinussa ei ole yhtäkään
virhettä.* (Laul.l. 4:7)
Kristus tahtoo, että kirkosta tulisi täysin kunniankirkas,
Herran verso, maan hedelmä, kaunistettu, kunniaa
loistava ja upea. Siksi Hän pesee sitä omalla verellään.
(Ef. 5:26-27; Jes. 4:2)
Herran huoneella on vanhurskauden kauneus ja kunnia,
vanhurskauttamisessa siltä ei ainoastaan riisuta saastaisia
ryysyjä, ja siten poisteta sen omaa vääryyttä, vaan sille
myös annetaan vaihtovaatteet, jopa pelastuksen vaatteet ja
vanhurskauden viitta. (Sak. 3:4,5; Jes. 61:10)
Silloin Herran huoneella on pyhityksen kirkkaus ja kau-
neus, siksi Kuninkaan tytär on kauttaaltaan kunnian kirk-
kautta loistava. (Ps. 45:13)
Kauneus ja ihanuus, joka on pyhitetyssä sielussa, ylittää

koko maailman loiston.
Herran huone on päällystetty sisäpuolelta joka kohdasta
kullalla. Kristus on sen kultainen pää. (Laul.l. 5:11) Hänen
talonsa ei kuitenkaan ole sellainen kuin Nebukadnessarin
patsas, jonka päässä oli kultaa mutta jäsenissä savea. Ei,
vaan Herran huoneen kaikki jäsenet, jotka ovat liitostuneet
Kristuksen kultaiseen päähän, ovat osallisia Hänen luon-
nostaan, ja siksi kunnian kirkkaus loistaa heistä voimak-
kaasti.

ULKOINEN KUNNIA

Jumalan huoneen rakenteissa näkyy kunnian kirkkauden
loisto ulkoisesti, se loistaa jokaisessa yksittäisessä seura-
kuntayhteisössä.
*Sinä poloinen, myrskyn raastama, sinä, joka olet vailla
lohduttajaa! Katso, minä peitän seinäsi turkoosikivillä, lasken
perustuksesi safiireista. Minä teen muuriesi harjat rubiineista,
porttisi säkenöivistä kivistä ja koko ympärysmuurisi jalokivistä.*
(Jes. 54:11, 12)
Jumalan huonetta eli taloa nimitetään myös Uudeksi
Jerusalemiksi, kaupungiksi, jolla on lakinsa ja hallintonsa.
Kerrotaan, että kaupunki on tehty puhtaasta kullasta,
(ei jätteistä ja loasta), ja että sen muurit on tehty jaspiksesta
ja muurin perustukset kaunistettu kaikenlaisilla kalliilla
kivillä. (Ilm. 21:18-19)
Juuri tätä psalminkirjoittaja kutsuu pyhyyden kauneudeksi.
*Sinun kansasi on oleva halullinen voimasi päivänä pyhyyden
kauneudessa.* (Ps. 110:3)

EVANKELIUMIN TOIMITUSTEN KUNNIA

Evankeliumin voimallisissa ja puhtaissa toimituksissa on kunnian kirkkaus.

Ei ole mitään niin kunniakasta ja loistavaa kuin Kuninkaamme valtaistuimellaan - Kristus hovissaan, tässä talossaan, hallitsee säätämiensä toimitustensa toteutusta.

Mirhalta, aaloelta ja kassialta tuoksuvat kaikki vaatteesi, norsunluupalatseista sinua ilahdutetaan kielisoittimilla, kuninkaiden tyttäret ovat hovinaistesi joukossa, kuningatar seisoo oikealla puolellasi Oofirin kullassa. (Ps. 45:8-9)

Hänen kulkunsa nähdään: *Jumala, ihmiset näkevät juhlakulkueesi, minun Jumalani ja kuninkaani kulkueet pyhäkössä.* (Ps. 68: 24 alk.)

Apostoli ylistää evankeliumin virantoimitusta huikeasti loistokkaammaksi kuin entinen ilmestysmaja- ja temppeli-jumalanpalvelus, vaikka sekin oli huomattavan loistelias.

Paavali sanoo: *Jos jo kuoleman viralla, kirjaimin kaiverrettuna kivitauluihin, oli kirkkautta, niin että Israelin lapset eivät voi-neet katsoa Moosesta kasvoihin hänen kasvojensa kirkkauden vuoksi, joka kuitenkin oli katoavaa, kuinka paljon enemmän kirkkautta onkaan Hengen viralla! Jos jo kadotustuomion viralla oli kirkkautta, paljon enemmän kirkkautta on vanhurskauden vi-ralla. Se, millä ennen oli kirkkautta, on nyt tämän ylivoimaisen kirkkauden rinnalla kirkkautta vailla. Jos sillä, mikä on katoavaa, oli kirkkautta, paljon enemmän kirkkautta on sillä, mikä on pysyvää.* (2. Kor. 3:7-11)

Antaa ihmisten tuumailla mitä tykkäävät Jumalan kansan hengellisestä jumalanpalveluksesta, johon verrattuna kaikki maailman kunnia ja loisto kautta aikain, on pelkkä saippuakupla.

Entiset Jumalan säätämät palvelusmenot loppuivat kerralla tyystin, ja Hän, joka tunnistaa ja torjuu ylpeän jo kaukaa, iloitsee näistä hengellisistä palvelusmenoista. (Ps. 138:6)

VOITTAJAN KUNNIA

Jumalan huone säteilee kunniaa korkeassa asemassaan, kaikkien vihollistensa voittajana.

Palatsi, joka on koristeltu yltä päältä sitä vastaan hyökänneiden vihollisten lipuilla, viireillä ja muulla sotasaaliilla, on komea näky.

Juuri näin on Jumalan talo koristeltu. Sotajoukkojen kuninkaat ovat kiirehtineet pakoon, ja perheenemäntä on jakanut saaliin. (Ps. 68:1-12)

Perheenemännällä eli perheen äidillä, Jumalan kirkolla, on koko sotasaalis hallussaan.

Jumala on vakuuttanut, ettei ainoastaan talon vastustajat, vaan myös kaikki ne, jotka eivät taloa palvele, tuhotaan perin pohjin. (Jes. 60:12)

Talossa on faaraolta ja hänen armeijaltaan otettu sotasaalis, joka koottiin Punaisen Meren rantaan ja tuotiin taloon. (2. Moos. 15)

Siellä on Nebukadnessarin viitta, joka on otettu häneltä, kun hän muuttui eläimeksi. (Dan. 4)

Siellä on Diokletianuksen ja hänen kumppaneidensa koristeelliset virka-asut, heidän luovuttuaan keisarinvirasta ja hallitusasemista, kun olivat ajautuneet hulluuden partaalle harmitellessaan kyvyttömyyttään kukistaa Jumalan huone.

Siellä on Julianuksen verta muistona luopioita kohdanneesta kostosta.

Siellä on tämän maan prelaattien kaapuja. Niitä ja heidän kannattajiensa pukuja, kaikki veren tahraamia, on hiljattain ripustettu näkyviin.

Taloon on tehty valmiiksi tila saalista varten, joka otetaan tietyltä suurelta huoralta, kun hänet poltetaan, riisutaan alastomaksi ja autioitetaan. (Ilm. 17.)

Ei kukaan, joka on noussut tai nousee Jumalan huonetta vastaan, säilytä hyvää oloaan eikä saavuta lopullista menestystä. Katsokoot maailman ihmiset itseään, jotteivat teloisi itseään tämän talon kulmakiveen, sillä se takuulla murskaa heidät.

Täten olemme silmäilleet Jumalan huonetta eli taloa, sen tärkeimpiä piirteitä, miten se on nimenomaan Jumalan oma ja miten se kuuluu erityisesti Herralle Kristukselle. Seuraavaksi otan esiin mikä on tämän talon suhde Herraan Jeesukseen Kristukseen, tai paremminkin, mikä on Herran Jeesuksen Kristuksen suhde siihen.

4. JEESUKSEN KRISTUKSEN SUHDE TALOONSA

Jeesuksella Kristuksella on taloonsa kaksitahoinen suhde: Hän on läsnä talonsa irtaimistossa ja kiinteissä rakenteissa, lisäksi Hän huolehtii talonsa kunnosta.

KRISTUS RAKENTEISSA JA ESINEISSÄ

Talonsa rakenteissa ja irtaimistossa Kristus on neljällä tavalla:
*Perustuksena
*(Liiton)arkkina
*Alttarina
*Lampunjalkana

KRISTUS ERI ASEMISSA

Kristus huolehtii talostaan viidessä tehtävässä:
*Omistajana
*Rakentajana
*Asukkaana
*Valvojana
*Kostajana

JEESUS KRISTUS PERUSTUKSENA

Näitä käsittelen järjestyksessä (Jumalan avulla). Aloitan
ensiksi mainitusta, eli Jeesuksen Kristuksen läsnäolosta
huoneensa eli talonsa rakenteissa ja irtaimistossa.
1. Jeesus Kristus perustuksena.
Tätä onkin jo jonkin verran selvitelty edellä.
*Hän on se kivi, jonka rakentajat hylkäsivät, mutta josta Jumala
teki huippukiven kulmaan.* (Ps. 118:22)
Hän on alinna pohjalla, kantaakseen rakennuksen painon,
ja ylinnä kulmassa, liittääkseen kaiken yhteen.
*Muuta perustusta ei kukaan voi laskea sen lisäksi, mikä on jo
laskettu, ja se on Jeesus Kristus.* (1. Kor. 3:10-11)
Hän on kallio, jolle Hän rakentaa kirkkonsa. (Matt. 16:18)
Perustukselta vaaditaan kolmea ominaisuutta, ja ne Herra
Kristus täyttää komeasti tässä rakennuksessa.

JEESUS KRISTUS,
PERUSTUS, ENSIN

Rakennuksen perustus on tehtävä ensin. Olisi aivan
nurinkurista ensin rakentaa talo ja vasta sitten tehdä sille
perustukset.
Jeesus Kristus on ensimmäinen, joka on asetettu tähän
pyhään rakennukseen, neljässäkin mielessä:
*1. Hän on ensimmäinen, Jumalan ikuisen suunnitelman
mukaisesti.* HERRA suunnitteli hänelle etusijan, niin
tässä kuin muussakin.

Hän on näkymättömän Jumalan kuva, koko luomakunnan esikoinen. (Kol. 1:15) Täten Hän on *esikoinen monien veljien joukossa.* (Room. 8:29)

Hänet on määrätty ennalta Jumalan talon ja kaiken siihen kuuluvan omistajaksi.

Hän on ennen kaikkea, Hänen kauttaan on kaikki, (tarkoittaen hengellistä), josta rakennus koostuu.

Hän on kirkon kehossa päänä.

Tarkoitan, että Jumala suunnitteli Kristuksen koko rakennuksen pohjaksi ja perustukseksi, jonka varassa rakennus lepää.

En tarkoita, että Jumala olisi ensin suunnitellut Kristuksen perustukseksi ja vasta toisessa vaiheessa suunnitellut valittunsa rakennukseksi.

Suunnittelun ja toteutuksen järjestystä on jatkuvasti yritetty sekoittaa.

Uskallan sanoa, että jo silloin kun Jumala suunnitteli valituistaan pyhää temppeliä, hän samalla suunnitteli, että Jeesus Kristus tulisi olemaan sen perustus.

2. Jeesus Kristus on ensimmäisenä julistettu rakennukseen kuuluvaksi.

Jumala julistaa ja ilmoittaa Hänet, ennen kuin laittaa rakennukseen ensimmäistäkään kiveä. (1. Moos. 3:15)

Naisen siemen (Hän sanoo) on murskaava käärmeen pään.

Näillä sanoilla asetettiin tähän rakennukseen ensimmäinen kivi.

Sitten tapettiin Karitsa, heti maailman perustamisen jälkeen. (Ilm. 13:8, KJV, Piplia 1776)

Ja siitä seuraten, armo on Hänessä annettu valituille, iät ja ajat sitten, kuten kerrotaan kirjeessä Titukselle. (Tit. 1:2)

3. Jeesuksen Kristuksen on oltava ensiksi jo luonnostaan.
Kristus on ensiksi laitettava jokaisen yksittäisen kiven sydämeen, ennen kuin kivi asetetaan tähän rakennukseen. Ihmiset, joissa ei Kristusta ole, ovat kertakaikkisen sopimattomia tähän rakennukseen. Vaikka kuinka heitä yritettäisiin sovittaa mukaan, heidät täytyy lopulta hylätä ja laittaa sivuun. (2. Kor. 13:5)

4. Jeesus Kristus on ykkösasemassa seurakuntayhteisöissä.
Siionin vuorella Jeesus Kristus on ykköstilalla jokaisessa yksittäisessä yhteisössä, jokaisessa pikku pyhäkössä. Jos Häntä ei ole ensin asetettu näiden seurakuntayhteisöjen keskipisteeksi, ne tulevat osoittautumaan Baabelin tapuleiksi, eivätkä Siionin torneiksi.

Siksi pyhillä oli vanhastaan tapana *Jumalan tahdon mukaan ensiksi omistautua Herralle Kristukselle ja sen* jälkeen toinen tois*illeen.* (2. Kor. 8:5)

Tässä mielessä, perustuksena, Kristus on asetettu Hänen hengelliseen rakennukseensa ensin. Ensisijaisuus onkin perustukselle tyypillistä, sen ensimmäinen ominaisuus.

PERUSTUS EI NÄY

Perustuksen pitää olla näkymättömissä, piilossa niiden katseilta, jotka tarkastelevat rakennusta päällisin puolin. He eivät voi havaita perustusta, vaikka talon joka kohta lepää sen varassa. Tämä on maailmassa aiheuttanut monet väärinkäsitykset.

Kun lähestyy suurta rakennusta ja näkee suuria, kumaraan, kantavaan asentoon veistettyjä patsashahmoja, sekä pylväsreliefejä ikkunoiden alla ja seinillä, niin tyhmempi helposti luulee, että ne kannattelevat talon painoa, vaikka ne yleensä ovat pelkkiä kohokuvioita. Ne eivät kannattele taloa, vaan talo kannattelee niitä.

Pylväsreliefit ja kantavaan asentoon veistetyt patsashahmot kyllä ulkoiselta olemukseltaan näyttävät erehdyttävästi kantavilta rakenteilta, joten joku voi olettaa, että ne poistamalla saadaan talo romahtamaan.

Mutta tällaiseen touhuun ryhtyvä saa huomata, etteivät nämä koristekuvat vaikuta mihinkään, niillä ei ole mitään virkaa. Pohjalla olevaa perustusta, joka kantaa kaiken, hän ei ole tullut edes ajatelleeksi. Mikäli hän yrittää tuhota sitä, hän itse murskaantuu ja raunioituu.

Kun ihmiset katselevat kirkkoa, he huomaavat miten komea ja hieno teos se todella on, mutta he eivät voi käsittää, miten se pysyy pystyssä.

Kirkolla näyttäisi olevan vain vähän tukijoita maailmassa, jotka ikkunoiden alla sijaitsevien patsaiden ja reliefien tavoin vaikuttaisivat kannattelevan sitä.

Jossain kirkkoa tukee kaupunginhallitus, jossain taas sotaväki tms. Maailman ihmiset päättelevät, että jos he saavat poistettua nämä tuet kirkolta, se luhistuu välittömästi rauniokasaksi.

Niin, yhtä typerä olen itsekin ollut, samalla tavoin vailla ymmärrystä Herran edessä. Olen katsellut joitain hurskaita, jotka ovat näyttäneet tämän rakennuksen tukipilareilta, miettien, miten talo mahtaisi säilyä, jos heidän tukensa otettaisiin pois.

He näyttivät minusta sellaisilta kuin Paavalin laivan merimiehet, joiden osuus oli pelastukseen välttämätön.

Mutta katsellessani em. hurskaita tapahtui niin, että yht-
äkkiä jotkut heistä tulivat ilmi, he olivatkin pylväsreliefejä,
paraskaan heistä ei ollut kantava rakenne, vaan talo kantoi
häntä.
Maailman ihmiset tuumaavat, ettei ole isokaan työ tuhota
Kristuksen hengellistä kirkkoa raunioiksi. He kannustavat
toisiaan osallistumaan tuhotyöhön, ajattelematta yhtään
näkymättömissä lepäävää perustusta, jota vastaan hyökä-
tessään he telovat itsensä murskaksi.
Niinpä Kristus talonsa perustuksena on salassa maailman
ihmisiltä. He eivät Häntä näe. He eivät millään pysty edes
kuvittelemaan, saati uskomaan, että Kristus toimisi perus-
tuksena ja tiennäyttäjänä niille ihmisille, joita he halveksi-
vat todella syvästi.

PERUSTUS KANTAA

Perustus kantaa koko rakennuksen painon. Rakennuksen
osa, joka ei nojaa perustukseen, on hutera.
Ota kunnollinen kivi, lohko, veistä ja muokkaa se joka
suhteessa rakennukseesi sopivaksi, niin että se näyttää
kaikkein parhaimmalta ainekselta, jota sinulla on.
Kuitenkin, jos et aseta kiveä oikeaan kohtaan, lepäämään
painollaan perustuksen varassa vakaasti, kivi on raken-
nuksessa turha ja haitallinen, eikä se pysy paikoillaan,
vaan tipahtaa pian maahan.
Vaikka sana ja toimitukset muotoilisivat ihmisen ulkoisesti
moitteettomaksi ja sopivaksi, tasan tarkkaan, niin että hän

näyttäisi kuuluvan maailman kaikkein upeimpiin pyhiin,
mutta jos häntä ei ole laitettu uskon kautta oikealla tavalla
perustuksen päälle, saamaan perustuksesta lujuutta, vah-
vuutta, tukea ja elinvoimaa, hän tipahtaa maahan pian.
Entä mitä niiden rakennuksesta tulee, jotka kyhäävät kai-
kenlaisesta hylkymateriaalista Herralle huonetta?

KRISTUS LIITONARKKINA

Kristus on Jumalan huoneessa arkkina eli arkkuna.
Arkki, joka sijaitsi ensin ilmestysmajassa ja sitten temp-
pelissä, oli kaikkein pyhin esine, kaikkein pyhimmässä
paikassa.
Arkin sisällä ei ollut muuta kuin kaksi kivitaulua, joihin
Jumala oli kirjoittanut sormellaan, ja arkin edessä olivat
Aaronin vehreä sauva ja astia täynnä mannaa.
Arkin päällä oli kultainen sovituspaikka eli armoistuin.
Kooltaan arkin pituisena ja levyisenä se kattoi arkin.
Armoistuinta varjosivat kunnian kerubit.
Tämä loisteliaan teoksen viestinä oli, että ellei laki ja sen
tuomitseva voima ole arkin sisällä kätkössä, armoistuimen
peittämänä, ei yksikään ihminen pysty seisomaan Herran
edessä.
Sitä paitsi, laki oli vanha tekojen liitto, joka uudistettiin toi-
mimaan ensisijaisesti evankeliumin nöyränä palvelijana.
Käytännön tasolla laki säädöksineen ohjasi israelilaisia
hallitsemaan Kanaanin maata.
Laki oli arkissa, joten puhuttiin että arkissa on liitto, ja
arkkia alettiin nimittää liitonarkiksi.

Jeesus Kristus on hengellisen huoneensa arkki. Kun tempp-
peli avautui taivaassa, siellä nähtiin Jumalan testamentin
arkki. (Ilm. 11:10)
Jeesus Kristus on tuotu kaikkien niiden näkyviin, jotka
ovat syvästi vanhan
testamentin alla kätkössä. (Room. 3:25)
Jumalan kerrotaan asettaneen Kristuksen esiin sovituspai-
kaksi eli armoistuimeksi. (Hepr. 9:5)
Siten Kristus on sekä arkki että sitä peittävä armoistuin.

KRISTUS PEITTÄÄ LAIN

Talon ja sen joka kiven vuoksi Kristus peittää lain ja sen
tuomitsevan voiman, niin ettei ketään kiveä voida syyttää
eikä saattaa vastuuseen lain perusteella, vähäisessäkään
määrin.
Jos joku olisi asetettu syytteeseen ja häntä vastaan alettai-
siin käydä oikeutta, niin eikö hän astuisi oikeuden eteen
rohkein mielin, jos joku vaikutusvaltainen ystävä olisi lu-
vannut järjestää, ettei ainoaa todistusta, jonka nojalla tuo-
mio voitaisiin langettaa, lausuta oikeudelle?
Valtavassa oikeudenkäynnissä, joka pidetään ylhäällä,
meitä vastaan voidaan lausua ainoastaan yksi todistus,
päätodistus, jonka nojalla syyte joko johtaa tuomioon tai
kaatuu.
Todistuslauselma, jota tarkoitan, on Jumalan laki.
Kristus arkkina ja armoistuimena peittää lain, joten
lakia ei oikeudenkäyntipäivänä voida tuoda esille.
(Viittaan puheena olevaan taloon eli huoneeseen.)

Eikö tämä annakin mahtavan rohkaisun astua Jumalan valtaistuimen eteen? Kristus kätkee lain, *ollen lain loppu,* (Room. 10:4) *jotta lain vanhurskauden vaatimus täytettäisiin meissä.* (Room. 8:4)

Hän on täyttänyt kaikki lain vaatimukset niin täydellisesti, *ettei kukaan pysty syyttämään Jumalan valittuja mistään.* (Room. 8:33-34)

Älkää syntisparat pelätkö! Teille ei käy kuten *Ussalle,* joka koski arkkiin ja kuoli. Koskettakaa te tätä arkkia, elääksenne ikuisesti.

KRISTUKSESSA ON UUSI LIITTO

Jumalan huoneen arkkina Kristus pitää sisällään uuden liiton. Uusi liitto on alun perin laadittu ja solmittu Hänen kanssaan, ja Hän on vahvistanut sen pysyväksi.

Hän itse on pannut uuden ja armorikkaan liiton täytäntöön luotettavasti.

JEESUS KRISTUS ALTTARINA

Jeesus Kristus on Jumalan talon alttari.

Ilmestysmajassa ja temppelissä oli kummassakin sekä uhrialttari että suitsutusalttari. (2. Moos. 29. ja 30.)

Uhrialttari oli suuri pronssinen alttari, joka sijaitsi pyhän paikan ulkopuolella, ja jossa polttouhrit ja kaikki veriuhrit uhrattiin hyvitykseksi.

Toinen, pienempi alttari, oli valmistettu akasiapuusta ja päällystetty kauttaaltaan puhtaalla kullalla, ja siihen oli tehty lehtikullattu reunus. Alttarilla poltetiin puhdasta suitsuketta Herralle aina.

Molemmat alttarit olivat täysin pyhiä, ja ne pyhittivät niissä uhratut lahjat lain mukaisesti. (Matt. 23:19)

Vapahtajamme on tässä huoneessa eli talossa kumpanakin alttarina.

KRISTUS UHRIALTTARINA

Hän on suurena uhrialttarina, jossa uhrataan sovitus- ja hyvitysuhreja. *Meillä on uhrialttari, josta ilmestysmajassa palvelevilla ei ole lupa syödä.* (Hepr. 13:10)

Juuri Hän, *pyhittääkseen kansan omalla verellään, kärsi portin ulkopuolella.* (Hepr. 13:11)

Kristuksen hyvä tahto ja sielu ovat kokonaisuudessaan meidän alttarimme, jolla hän uhraa itsensä puhtaaksi uhriksi, ikuisen Hengen kautta, *tehden yhdellä uhrilla ikuisesti täydellisiksi ne, jotka pyhitetään.*

KRISTUS SUITSUTUSALTTARINA

Hän on kultaisena suitsutusalttarina.

Suitsutus on rukousta. *Rukoukseni olkoon alati suitsutusuhrina sinun edessäsi.* (Ps. 141:2)

Jeesus Kristus on kultainen alttari, jolla tämä suitsutus uhrataan, alttari, joka on aina Jumalan edessä.
(Ilm. 8:3-4; 9:13)

Uhrialttarina hän tekee meidät otollisiksi, suitsutusalttarina hän tekee toimistamme otollisia.

Kaikki talon elävät kivet ovat pappeja, uhratakseen molemmilla alttareilla.

Hänen kauttaan he ovat pappeja, joilla on oikeus päästä pyhään paikkaan. Siellä heillä on osallisuus kaikkiin uhreihin, jotka on uhrattu Hänessä tai Hänen kauttaan.

JEESUS KRISTUS LAMPUNJALKANA

Jeesus Kristus on Jumalan talossa lampunjalkana.
Lampunjalan valmistaminen, koristelu ja käyttö ilmestysmajan Kaikkein pyhimmässä selostetaan 2. Mooseksen kirjassa. (2. Moos. 25:31 alk.)
Lampunjalka oli mitä kaunein esine, tehty puhtaasta, taotusta kullasta ja siinä oli monet koristeelliset kuviot, kuvut, nuput, kukat ja lamput.
Lampunjalan tehtävänä oli valaista jumalanpalvelukset kaikkein pyhimmässä paikassa.
Maja eli tabernaakkeli oli rakenteeltaan tiivis ja ikkunaton. Sinne ei tullut valoa ulkoa, vaan kaikki valo tuli sisältä.
On toki totta, että lampunjalka seitsemine lamppuineen toissijaisesti symboloi Kristuksen kirkkoja, jotka pitävät Hänen valoaan esillä itseään ja muita varten.
... ja seitsemän lampunjalkaa, jotka näit, ovat ne seitsemän kirkkoa. (Ilm. 1:20)
Siksi Salomokin teki kymmenen lampunjalkaa puhtaasta kullasta, ilmentämään Jumalan kirkkojen koon ja määrän lisääntymistä. (1. Kun. 7:49)

Tähän liittyen, Ilmestyskirjassa kahta todistajaa nimitetään kahdeksi lampunjalaksi, ja kahdeksi öljyllä voidelluksi, jotka seisovat koko maan Jumalan edessä.
(Ilm. 11:4; Sak. 4:3)
Sakarjan kirjan kohdassa, josta tämä on Ilmestyskirjaan otettu, mainitaan todellakin *kahdesta voidellusta*, mutta *yhdestä lampunjalasta*. Täten Pyhä Henki antaa selkeän osviitan siitä, että vaikka Kristuksen kirkot ja todistajat ovat myös lampunjalkoja, niin ensisijaisesti on vain yksi varsinainen lampunjalka, jossa on valo itsessään, valo, jolla se valaisee kaikki muut.
Juuri tätä tarkoittaa Sakarjan kirjan neljäs luku, jossa mainitaan kaksi oliivipuuta eli kaksi voideltua kirkkoa, juutalaisten ja pakanoiden.
Ne seisovat lampunjalan luona ja saavat siltä valoa, jakaakseen sitä muille. Ne vuodattavat itsestään kultaista öljyä, jota ne saavat lampunjalasta.
Tässä lampunjalassa on seitsemän lamppua. (Sak.4:2)
Ne palavat valtaistuimen edessä ja ne ovat Jumalan seitsemän henkeä. Ne kuvaavat Jumalan Hengen monitahoista täydellisyyttä, joka näkyy Hengen monenlaisissa toimissa ja armovaikutuksissa. (Sak.4:2; Ilm. 4:5)
Kysymys: Kenellä nämä seitsemän henkeä nyt ovat?
Vastaus: Hänellä, joka ei saanut Henkeä mitalla, ja joka on seitsensilmäinen kivi. (Joh. 3:34; Sak. 3:9)
Yksin Hän on tämä lampunjalka, ja kaikki valo, mitä huoneessa on, tulee Hänestä.

JEESUS KRISTUS VALAISEE JUMALAN HUONETTA

Jeesus Kristus valaisee Jumalan huonetta kahdella tavalla, sekä ilmoittamalla ja avaamalla oppinsa, että henkilökohtaisen yhteyden myötä.

KRISTUKSEN OPPI VALONA

Jeesus Kristus valaisee Jumalan huonetta ilmoittamalla ja avaamalla oppinsa.

Hän, ja vain Hän, luo valonsa rakennuksen kaikkiin kiviin. *Ei kukaan ole Jumalaa milloinkaan nähnyt; ainokainen Poika, joka on Isän helmassa, on hänet ilmoittanut.* (Joh. 1:18) Ilmoitus siitä, millainen Jumala on ja millainen on Jumalan luonne, tahto tai rakkaus, ei ole pelastavaa. Sitä vastoin ilmoitus Kristuksesta ja millainen Hän on, on pelastavaa. Kuu ja tähdet antavat valoaan, mutta ne ainoastaan heijastavat sitä valoa, jonka ovat saaneet auringosta. Profeetat ja apostolit näyttivät valoa, jonka he olivat kokonaisuudessaan saaneet Kristukselta. He puhuivat heissä olevan Kristuksen Hengen avulla tähän tapaan: *Olen saanut Herralta sen, minkä olen myös ilmoittanut teille.* (1. Kor. 11:23) Sama apostoli (Paavali) kiroaa jokaisen, joka tahtoo tuoda toisenlaista valoa tähän taloon, olivatpa tuojat sitten enkeleitä tai ihmisiä. (Gal. 1:8) Ainoastaan Kristus tuntee Jumalan mielen täysin, onhan Hän aina *Isänsä helmassa.* (Joh. 1:18)

Niin, Hän tuntee sen läpikotaisin, koska *Hän on Isänsä kanssa yhtä.* (Joh. 10:30)

Kristus haluaa tuoda julki, millainen on Jumalan mieli, ja juuri siksi Hän tuli maailmaan, todistamaan totuudesta. Hän pystyy sen tekemään, sillä *Hänessä ovat kaikki viisauden ja tiedon aarteet kätkettyinä.* (Kol. 2:3)

Yksinomaan Hän on kaiken valon lähteenä tässä pyhässä asunnossa. Monesti on yritetty Jumalan taloon sytyttää jotain muuta kuin Kristus-valoa:

Jotkut haluaisivat valaista Jumalan taloa traditioillaan ja taloa koskevilla opinkäsityksillään.

Jotkut haluaisivat omin päin valaista Jumalan taloa muuttamalla sen hallintomallia.

Jotkut haluaisivat valaista Jumalan taloa tuomalla seremonioitaan sen jumalanpalvelukseen.

Kaikki tämä on verrattavissa kelmeään kynttilänvaloon kirkkaassa auringonpaisteessa. Kuvittelevatko ihmiset voivansa kulkea kipinöiden tai omatekoisen tulensa valossa, vanhurskauden auringon kasvojen edessä?

Eivätkö he mahda lyyhistyä murheissaan?

Rakkaat! Varokaa näitä hulluja, harhaanjohtavia virvatulia.

KRISTUS VALAISEE HENKILÖKOHTAISESTI

Jeesus Kristus valaisee Jumalan taloa henkilökohtaisella yhteydellään jokaiseen.

Hän on todellinen valo, joka valaisee jokaista. (Joh. 1:9)

Jokainen, joka on saanut itseensä kohdistuvaa hengellistä

valoa, on saanut sen Kristukselta.

Hänen toimintaansa kuuluu näkökyvyn palauttaminen sokealle. (Luuk. 4:18)

Siksi Hän neuvoo *Laodikean kirkkoa tulemaan luokseen saamaan silmävoidetta*, jotta se voisi nähdä. (Ilm. 3:18)

Hänen saapuessaan *Siion loistaa kirkkaana, sillä Hänen valonsa nousee sen ylle.* (Jes. 60:1-2)

Aiemmat, omatekoiset opit ja opetukset Jumalan talosta eivät silloin enää kelpaa. *Valo loistaa pimeydessä, eikä pimeys saa sitä valtaansa.* (Joh. 1:5)

Ei edes kaikki valo, mitä aurinko pystyy antamaan, voi tehdä sokeaa näkeväksi. Jotta voi nähdä, pitää olla sekä sisäinen *näkökyky* että ulkoista *valoa*.

Jumalan talon kaikki rakennuskivet ovat luonnostaan sokeita, aivan, ne ovat pimentyneitä, jopa pimeyttä sinänsä. Jos Herra Kristus ei Henkensä väkevällä voimalla luo heihin sisäistä näkökykyä, eikä tuo heille julki Isänsä tahtoa, he eivät voi koskaan hengellisesti havaita Jumalan asioita. Ihminen ei todellakaan luonnostaan pysty havaitsemaan eli erottamaan Jumalan asioita. (1. Kor. 2:14)

Totta on, että ihmiset luontaisine kykyineen, saatuaan opetusta opinkappaleista, voivat saavuttaa jonkinlaisen tietouden siitä, millainen on Jumalan mieli, eli heidän voidaan sanoa valaistuneen. (Hepr. 6:4)

He voivat päästä pitkälle ja tehdä paljon tässä valossa. He voivat opettaa muita, mutta joutua itse hylätyiksi.

He voivat väitellä totuuden puolesta, jopa kuolla totuuden puolesta, heti kun ovat saaneet ensimmäisen, yleisluontoisen *(silmä)voitelun*, jolloin he eivät vielä näe selkeästi, vaan he näkevät *ihmiset kuin kävelevinä puina.* (Mark. 8:23-25)

Jumalan mielen hengellinen tarkastelu ei onnistu, ilman
että Kristuksen Henki kaikkivaltiaalla voimallaan luo uut-
ta elämänvoimaa ja valoa sieluun.
Jotkut tosin luulevat, että tällainen näkökyky on heissä
itsessään, omasta takaa. Kerro heille, mitä heidän pitäisi
nähdä, ja jätä heidät katselemaan tarkoin.
Niin, jätä heidät katselemaan, ja jos he osoittautuvat tämän
elävän rakennuksen kiviksi, olen itse erehtynyt.
Sinä, joka oikeasti olet kivenä elävässä rakennuksessa, tie-
däthän mistä olet kaiken valosi saanut. Ja jos olet vähänkin
pimeässä, siirry lähemmäs lampunjalkaa, josta kaikki valo
tulee.
Sieltä saat valosi, nyt ja aina; Herran salaisuudet asettuvat
taloksi luonasi.
Nämä ovat siis Kristuksen neljä tapaa olla tässä hengelli-
sessä rakennuksessa läsnä irtaimiston ja rakenteiden väli-
tyksellä.

Seuraavaksi selvitän kohta kohdalta, miten Jeesus Kristus
huolehtii talostaan viidessä eri asemassaan.

JEESUS KRISTUS,
TALON OMISTAJA

Jeesus Kristus on talon omistaja. Hän nimittää sitä
OMAKSEEN: Tälle kalliolle rakennan kirkkoni.
(Matt. 16:18)
Mooses oli uskollinen kaikessa jne., mutta Kristus on
uskollinen Poikana OMASSA talossaan, ja hänen oma

talonsa eli huoneensa olemme me. (Hepr. 3:4,5)
Jotta näkisit, ettei Hän aiheetta pidä sitä omanaan, vailla
omistusoikeuksia ja niitä osoittavia arvonimiä, kerron että
suuressa armotaloudessa Jeesuksella Kristuksella on
taloon kolminkertaiset oikeudet ja arvonimet.

PERILLINEN

Isä on *asettanut Hänet kaiken perilliseksi,* siksi Häntä puhu-
tellaan arvonimellä Talon Herra. (Hepr. 1:2,3)
Kun Jumalan viinitarhaan lähettämät palvelijat oltiin tor-
juttu, Jumala lähettää Hänet sinne perillisenä.
Hän on saanut Isältään sitoumuksen, että Hän saa koko
perintönsä nautittavakseen, kunhan vain pyytää. (Ps. 2:8)
*Isä on päättänyt aikojen täyttyessä yhdistää Kristuksessa yhdeksi
kaiken, mitä on taivaassa ja maan päällä.* (Ef. 1:10)
Koska Kristus on *Isänsä esikoinen* ja syntynyt ennen muita
luotuja, perintöoikeus on Hänen. (Hepr. 1:6; Kol. 1:15)

LUNASTAJA

Mutta perintöoikeus ei heti toteudukaan, sillä saapuessaan
ottamaan taloa haltuunsa, Hän huomaa, että talo on kiin-
nitetty valtavan velan pantiksi. Hän joutuu suorittamaan
velan viimeistä kolikkoa myöten, mikäli aikoo saada talon
itselleen.
Perintöoikeuden lisäksi Hänellä on lunastusoikeus. Hänen
täytyy lunastaa tämä talo maksamalla siitä korkea hinta.

Mikä on tämä hinta? Mitä Häneltä vaaditaan?

Vastaus: ei yhtään vähempää kuin Hänen *kallein verensä.*
(Ap.t. 20:28)

Niin, hänen täytyy antaa sielunsa syntiuhriksi ja ottaa omakseen koko velka, kirous ja rangaistus kaikkineen, velka, jonka tämä talo on tehnyt ja sopinut maksavansa kokonaan.

Hänen täytyy ottaa kuorma harteilleen ja antaa selkänsä ruoskittavaksi.

Perillisenä Jeesuksella Kristuksella oli lunastusoikeus. Hänelle ei olisi ollut kunniaksi jättää lunastusta suorittamatta. Hän oli täysin varma siitä, että ellei Hän maksa, koko luomakunta olisi liian köyhä maksaakseen velan itse.

On totta, että Jeesus Kristus oli hetken kauhun vallassa, meidän kaltaisenamme ihmisenä, kun maksun aika tuli.

Hän ei kuitenkaan paennut, vaikka rukoilikin päästä pois maksamasta kauheaa hintaa, huutaen, *jos mahdollista olisi, että tämä malja ohittaisi Hänet.* (Matt. 26:39)

Mutta sitten Hän kokoaa itsensä ja sanoo: *Teen mielelläni sinun tahtosi, oi Jumalani.* (Ps. 40:8)

Ja niin Hän ikuisen henkensä kautta uhraa itsensä Jumalalle lunnaiksi. Hän on mieltynyt taloonsa ja aikoo asua siinä, hinnalla millä hyvänsä.

Hän sanoo: *Tämä on minun lepopaikkani ainaisesti, tässä minä asun, tänne olen halunnut.* (Ps. 132:13-14)

Ettekö tiedä - kysyy apostoli - *että olette Kristuksen Hengen temppeli?*

Niin, miten täksi temppeliksi olemme tulleet?

Teistä on maksettu hinta. (1. Kor. 6:19)

Ne, jotka vakuuttavat Hänen samassa talokaupassa osta-

neen itselleen myös Saatanan saastaiset sikalat, eivät tiedä
mitä puhuvat.

VOITTAJA

Lunastuksen lisäksi hänen on suoritettava kukistaminen.
Laiton vallananastaja on kaapannut tämän talon haltuunsa
ja alistanut sen orjuuteen: Saatana Perkele on vallannut
talon ja Jumalan vihan kautta alistanut sen valtaansa.
Perkele täytyy kukistaa, jotta Herra Kristus saa oman ta-
lonsa kokonaan itselleen.
*Sitä varten Jumalan Poika ilmaantui, että hän tekisi tyhjäksi
Perkeleen teot.* (1. Joh. 3:8)
Entä miten Hän sen tekee?
Hän päihittää ja tuhoaa Perkeleen siten kuin Heprealais-
kirjeessä on kerrottu
*kuoleman kautta Hän kukisti sen, jolla oli kuolema vallassaan,
nimittäin Perkeleen.* (Hepr. 2:14)
Hän ryöstää siltä omaisuuden. Ensiksi hän sitoi väkevän
miehen ja sitten ryösti häneltä omaisuuden. (Matt. 12:29)
Kaiken pimeyden, epäuskon, synnin ja paatumuksen,
joilla Perkele oli täyttänyt talon ääriään myöten, Kristus
riistää siltä ja paiskaa ne ulos talosta.
Vihollisen kukistamisen päätteeksi Kristus juhlii voittoaan,
ja mahtavan valloittajan tavoin hän asettaa voitetun esille,
häpäistäkseen tämän ikiajoiksi. (Kol. 2:15)
Kukistettuaan hallitukset ja vallat Hän esittelee niitä julki-
sesti, ja juhlii ristillä saamaansa voittoa niistä.
Voitollaan Hän vahvistaa perintöoikeutensa.

Voisin laajemminkin selvitellä Isän Hänelle antamaa lahjoitusta, ja miten Hän ottaa sen vastaan ja pitää hallussaan Henkensä avulla, mutta se ei liene tarpeen, sillä edellä kerrottu riittää osoittamaan, että talo on Kristuksen.

OMISTUSOIKEUKSISTA

Onko talo Kristuksen? Onko Hän talon omistaja? Psalminkirjoittaja, rukoillessaan apua vastustajiensa voittamiseksi, vetoaa voimakkaasti siihen, että nämä ovat *tunkeutuneet Herran perintöosaan.* (Ps. 79:1)

Tuolloin ei oikein selvästi käsitetty, että Kristus on lunastaja. Se ymmärrettiin, että Hänelle kuuluu perintö, joten siitä kyllä mainittiin.

Nyt Hän on julkistanut kaikille muutkin arvonimensä ja ilmoittanut, miksi Hänellä on taloonsa, eli pyhiinsä, täydet oikeudet.

Voiko siis kukaan puuttua Hänen omaisuuteensa joutumatta edesvastuuseen? Yleensä ihmiset puolustavat omaansa kaikin voimin. Pitäisikö meidän ajatella, että Herra Kristus antaisi ryöstää omaisuuttaan helposti? Eikö omaisuusrikoksista joudukin ankaraan vastuuseen?

Miten Hän onkaan meidän päivinämme turhautunut vainoon, joka kohdistuu Hänen omiinsa.

Älkää *kajotko* - sanoo Hän - *minun voideltuihini.*

Monella tapaa voidaan väittää, että oikeudet taloon kuuluvat jollekin maalle, kansakunnalle tai yhteisölle.

Lopulta oikeudet kuitenkin nähdään kuuluviksi niille ja vain niille, jotka ovat elävinä kivinä talossa.

Koirat voivat yrittää näykätä heidän leipänsä, saamatta
sitä suuhunsa kuitenkaan. Kristus on se, joka tekee talonsa
kaikki kivet todella raskaiksi.
Hän tekee niin, jotta ihmiset oppisivat välttämään taistelua
Jumalaa vastaan. (Ap.t. 5:39)
Älä kuvittele selviäväsi sillä, että sanot erehtyneesi.

ISÄNNÖINTI

Kun Kristus kerta on talon omistaja, jätettäköön talon jär-
jestys ja isännyys Hänelle.
Ihmiset ovat hanakasti sekaantumassa kaikkeen Hänen
talossaan ja talonpidossaan. He tahtovat ylen ystävällisinä
ja huolehtivaisina antaa viisaita neuvojaan talon asioissa:
Näin ja näin sen pitää olla, ne ja ne kuuluvat taloon ja ovat
sen jäseniä.
Näissä asioissa Kristus on äärimmäisen tarkka kunnias-
taan. Hänen kunniaansa loukataan, kun ihmiset arvioi-
vat, että Häneltä puuttuu viisautta ja rakkautta omiaan
kohtaan ja että vajavuutensa vuoksi Kristus ei osaa hallita
taloaan ollenkaan. Tällaisia kunnianloukkauksia ei Kristus
siedä.
Ihmiset eivät antaisi kohdella itseään omassa talossaan
siten kuin he kohtelevat Kristusta Hänen talossaan. Kaik-
kihan me oletamme, että itsellämme on tarpeeksi *viisautta*
hoidella asiat omassa talossamme.
Ajatukset, että Isä ei antaisi viisautta eikä rakkautta, vaan
hylkäisi talonsa asukkaat ulkopuolisten ohjaukseen, ne
ajatukset eivät ole ylhäältä lähtöisin.

MUITA RAKENNUKSIA

Kristuksella on monet arvonimet, jotka kuvaavat Hänen omistusoikeuttaan ja suhdettaan omaan taloonsa.
Älköön siis Hänen nimiinsä laitettako rakennuksia, jotka eivät Hänen ole, ja joihin hänen arvonimensä eivät viittaa.
Mene kartanonherran luo, joka asuu komeassa palatsissaan. Viittaa kädelläsi sikalaan päin ja sano, että tuo on kotisi, tuossa sinä asut. Voisitko pahemmin häväistä häntä?
Ei, hän vastaa, en omista sikalaa enkä siinä asu, vaan kotini on tämä mahtava palatsi, tässä asun.
Näinkö meidän tulee kohdella Herraa Jeesusta?
Hän on ostanut ja kaunistanut talonsa, se onkin häikäisevän komea talo.
Jos nyt esitetään, että hänellä onkin vain sikala, luola täynnä saastaisia elukoita, rauniokasa, joka suurimmalta osin koostuu kuolleista kivistä, ja sanotaan Hänelle, että se on Hänen kirkkonsa ja kotitalonsa, eikö se ärsytä Häntä suunnattomasti?
Sietääkö hän sellaista herjaa? Ei siedä, vaan Hän hylkää tällaista esittäneet raunioitumaan.

RAKENTAJA

Jeesus Kristus on Jumalan huoneen rakentaja.
Hänen on katsottu ansaitsevan suuremman kunnian kuin Mooses, sillä talon rakentajaa kunnioitetaan enemmän kuin taloa. (Hepr. 3:3)
Minä, hän sanoo, *rakennan kirkkoni.* (Matt. 16:18)

Ei ole kyse kenen tahansa työmiehen rakennustyömaasta, vaan itse Kristuksen. On totta, että Hänellä on alaisia, joista muutamat ovat niin taitavia, että heitä nimitetään *viisaiksi rakennusmestareiksi.* (1. Kor. 3:10)
Mutta heidän osaamisensa ja onnistumisensa rakennustyössä ei johdu heistä itsestään, vaan yksinomaan heidän Työnantajastaan.
Jos Herra ei huonetta rakenna, niin sen rakentajat turhaan vaivaa näkevät. (Ps. 127:1)

TALO ON HENGELLINEN JA SEURAKUNNALLINEN

Tällä rakennuksella on kaksi ulottuvuutta:
Hengellisestä eli mystiikan näkökulmasta katsoen kyse on hengellisestä rakennuksesta, joka koostuu kaikista kivistään.
(Keskityn jatkossa tähän puoleen asiasta.)
Seurakunnallisesta näkökulmasta katsoen kyse on useista pyhäkkömajoista, jotka koostuvat kivistä. Näitä pyhäkkömajoja eli tabernaakkeleita kutsutaan seurakuntayhteisöiksi ja Siionin vuoren asumuksiksi. Niistä muodostuu yksi suuri hengellinen rakennus.
Kaikki tämä on saatu yksin Kristukselta.

HENGELLISYYS

Hengellinen eli mystinen näkökulma:
Jos maailman kaikkein taitavimmat työmiehet laskeutuisivat luonnossa olevaan kuiluun, louhiakseen sieltä omin voimin kiviä tätä rakennusta varten, he eivät koskaan voisi parhaalla taidollaankaan ja ahkerimmalla uurastuksellaankaan valmistaa ja laittaa yhtään kiveä siihen.
Rakennuskivien täytyy olla eläviä, eikä elämää voi antaa kukaan muu kuin Kristus. Isä on luovuttanut elämän antamisen yksinomaisesti Hänen haltuunsa, jotta Hän antaisi ikuisen elämän kenelle tahtoo. (Joh. 17:2)
Hän yksin voi muuttaa kivet Abrahamin lapsiksi.
Hänelle on uskottu eläväksi tekevän voiman anto kokonaan. Hän nostaa meidät kuoleman tomusta, Hänen sieluaan ei kukaan ihminen ole tehnyt eläväksi.
Hengellinen voima ja hengellinen elämä on annettu Kristuksen haltuun täysin.
Jos kuolleet kivet muuttuvat eläviksi, niiden on täytynyt kuulla Jumalan Pojan ääni.
Kristus rakentaa hengellistä, mystistä huonettaan eli taloaan antamalla elämän kuolleisiin kiviin, tai paremmin sanoen, olemalla niiden elämänä.
Puhun myöhemmin niistä, jotka yrittävät rakentua itse ja saada hengellisen elämän syntymään luonnollisista, särkyneistä ruukuista.

SEURAKUNNALLISUUS

Seurakunnallinen näkökulma:
Elävien kivien yhteys, sekä Kristukseen että toisiinsa,
evankeliumin ohjeistaman järjestyksen ja jumalanpalve-
luksen mukaisesti, tekee kivistä Siionin vuoren seurakun-
tayhteisöjä ja asumuksia. Myös se on Hänestä.
Tarkoituksena on järjestää hartaita jumalanpalveluksia,
joissa Häntä palvotaan.
Hän ei hyväksyisi koskaan, että kenenkään luodun tavoit-
teet olisivat Hänen kunniansa mittana.
Hän pystyttää lampunjalat ja pitää tähdet kädessään.
(Ilm. 1:16, 20)
Katso talon rakenteita ja rakennustapaa, kaikki on
Kristukselta.
Katso talon rakennusohjeita, kaikki on Häneltä.
Häneltä, Hänen sanansa ja Henkensä ohjaamana on talon
rakenteet tehty ja ohjeet saatu, viimeistelyä myöten.
Katsotaanpa tarkemmin.

KUKA ON RAKENTAJA?

Onko Kristus tämän talon rakentaja? Yksinkö vain Hän
voi saada meidät sopimaan tähän rakennukseen? Yksinkö
vain Hän pystyy, kaikkivaltiaalla voimallaan, antamaan
elämän kuolleisiin kiviin, jotta niistä kasvaa pyhä ja elävä
asumus Hänelle?
Entä mitä saa aikaan kuuluisa työmies, Vapaa Tahto, ja
omaan itseen luottamisen voima? Eivätkö ne työskentele

tehokkaasti tässä temppelissä?

Niin kuin Salomon temppelityömaalla, jossa ei kuulunut kirveen, ei vasaran eikä minkään rautaisen työkalun ääntä, koko rakentamisen aikana, samoin on tässä hengellisessä talossa,

Vapaan Tahdon rautaisten työkalujen ääntä ei täällä kertaakaan kuulla, Vapaa Tahto ei pääse lähellekään työmaata, vaan Kristus tekee kaiken yksin. (1. Kun. 6:7)

Hän antaa elämän kelle haluaa.

Pitäisikö olettaa, että kuolleella tahdolla olisi itsessään virvoittava ja eläväksi tekevä voima?

Voisiko elämän henki kummuta ihmisen luonnollisesta sisimmästä?

Onko se ihmisen tahto vai Jumalan tahto, joka vetää ihmisiä Kristuksen luokse? Onko se Henki vai liha, joka yhdistää meidät Häneen?

Mihin on pestattu se työmies, joka saa kaiken metelin maailmassa aikaan?

Eikö hän ole töissä juuri siellä, missä huudetaan: *Rakentakaamme itsellemme kaupunki ja torni, jonka huippu ulottuu taivaaseen?* (1. Moos. 11:4)

Siellä, missä halutaan rakentaa Baabel ja oma torni, jotta päästäisiin taivaaseen. Herra astuu alas ja hajottaa kaikki heidän tekeleensä.

Mainittu rakennusmies ei ole koskaan laittanut yhtäkään kiveä Kristuksen taloon. Ei, vaan hän on kuin mielipuoli nainen, joka repii talonsa hajalle molemmin käsin. Mitä Vapaa Armo rakentaa, sitä Vapaa Tahto pyrkii tuhoamaan.

TEE-SE-ITSE

Katso minkä virheen moni luotu parka tekee, halutessaan sovittaa itsensä rakennuskivenä taloon. Miten he menettelevät silloin?

He lohkovat ja muotoilevat itseään, yrittäen hioa tämän ja tuon särmän pois, olettaen että riittävä työstäminen takaa heille paikan rakennuksessa.

He veistelevät itseään antamalla lupauksia, valoja ja sitoumuksia. He kaunistavat itseään suorittamalla tehtäviä ja palvelusta.

Sitten he hämmentyneinä ja peloissaan esittäytyvät rakennukselle, saamatta koskaan tietää kelpaavatko he siihen vai eivät.

Koko tämän ajan Suuri Rakennusmestari seisoo sivussa, Häntä on tuskin tarvittu.

Mikä on tällaisen touhun tulos? Se, mitä saadaan rakennettua yhtenä päivänä, romahtaa kasaan seuraavana.

Usein kun heidän omasta mielestään rakennus alkaa olla hyvä, ja heistä tuntuu siltä, että nyt heillä varmaan on osa tässä elävässä ja loistokkaassa talossa, niin yhtäkkiä he taas tipahtavat maahan, menettävät toivonsa ja huomaavat jälleen olevansa maailman hiomatonta kiveä.

Tämä edestakainen vaihtelu on loputon.

Eikö sieluparka nyt näe, missä vika todella on?

Siinä, ettei olla antauduttu oikealla tavalla Hänelle, ainoalle Rakentajalle.

OIKEA ASENNE JA PYYNTÖ

Haluatko tulla tämän rakennuksen kiveksi? Asettaudu
Herran Jeesuksen eteen ja sano Hänelle:
Olen itsessäni täysin sopimaton suureen rakennukseen,
jota Sinä rakennat. Olen usein yrittänyt sovittaa itseäni
siihen, mutta aivan turhaan.
Herra Jeesus, ota minut nyt omaan käteesi.
Jos heität minut pois, en voi valittaa, vaan minun on pidet-
tävä Sinua ja ratkaisujasi oikeudenmukaisena.
Sinä puhut muutoksesta, joka voi tapahtua.
Sinä muutat kuolleet kivet Abrahamin lapsiksi, oi, muuta
minut, joka olen kuollut, eläväksi kiveksi.
Älä pelkää, Hän ei missään tapauksessa heitä sinua ulos.
Vaikka voisin, en nyt tarkastele ihmisten turhia yrityksiä
pystyttää omilla voimillaan ja omalla viisaudellaan pyhäk-
kömajoja eli tabernaakkeleita Kristukselle.

JEESUS KRISTUS VARTIJANA

Jeesus on talon ylin vartija ja suojelija.
Toki muitakin vartijoita Jumala on määrännyt olemaan
talon suojana.
Ihmislapsi, minä olen asettanut sinut Israelin heimon vartijaksi.
(Hes. 3:17) *Muureillesi minä olen asettanut vartijat.*
(Jes. 62:6-7)
Tällä tarkoitetaan erityisesti kirkkojen pastoreita. He var-
tioivat siten kuin papit ja leeviläiset aikaisempina aikoina
ovat vartioineet Herran käskystä. (Hepr. 13:17)

Ei käy kiistäminen, etteivätkö monet vartiomiehiksi ryhtyneet ole vartioineet lähinnä omia etujaan. He ovat olleet *koiria,* niin, *mykkiä koiria* eli koirista pahimpia. (Jes. 56:10)
Niin, he ovat olleet ja ovat usein, monellakin tekosyyllä, kovia *hakkaamaan ja haavoittamaan Kristuksen morsianta.* (Laul.l. 5:7)
Mutta vaikka he hoitaisivat vartioinnin aina mitä parhaiten ja uskollisimmin, eivät he pystyisi koskaan vartioimaan ja suojelemaan tätä taloa, ellei tiettyä Vartijaa ei olisi talossa.
Jos Herra ei kaupunkia varjele, turhaan sen vartija valvoo. (Ps. 127:1)
Hänen, joka Israelia varjelee, Hänen, joka ei torku eikä nuku, on suojattava tätä taloa, muuten se tuhoutuu. (Ps. 121:4)
Kristus siis on se *Pyhä ja se VARTIJA, joka tuli alas taivaasta ja käski hakata puun poikki ja karsia sen oksat,* tarkoittaen *Nebukadnessaria,* joka oli suurta valtaansa käyttäen sekaantunut Hänen talonsa asioihin. (Dan. 4:13,14)
Nyt Kristus vartioi ja valvoo tätä taloa kahdesta syystä.

KRISTUS TARKKAILEE

Nähdäkseen mitä talo tarvitsee Herran silmät tarkkailevat koko maata. Hän tahtoo näyttää voimansa tarpeen tullen. Herra katsoo taivaasta alas niihin, jotka pelkäävät häntä. (2. Aik. 16:9; Ps. 14.)
Hän on se k*ivi, jolla on seitsemän silmää.* (Sak. 3:9)
Herra tahtoo, että Hänen talonsa tarpeet tyydytetään täydellisen viisaasti ja että valvonta ja johtaminen tapahtuu

talon hyväksi. Siksi *Hänen seitsemän silmäänsä tarkkailevat koko maata.* (Sak. 4:10)

Hän tutkailee missä tilassa ja oloissa hänen kansansa on. Hän katsoo heihin kaikissa heidän ahdingoissaan antaakseen heille oikeaan aikaan vapautuksen.

He saavat kutsua jokaista virkistävää lähdettä nimellä *Beer Lahai-Roi, eli Hänen lähteensä, joka elää ja näkee minut.* (1. Moos. 16:14)

KRISTUS VALVOO

Kristus tarkkailee ja valvoo, ettei väkivallan poika pääse liian lähelle taloa, ja jos pääsee, Hän vaatii maksun sen käsistä, panee sen syömään sen omaa lihaa ja juomaan vertansa, jotta se oppisi lopettamaan raatelun.

TALO KESTÄÄ

Talo kestää Kristuksen avulla.

Mistä johtuu, että tämä talo, joka niin usein näyttää olevan tuhonsa partaalla, on säilynyt tuhoutumasta? Usein talo on ajautunut siihen pisteeseen, että kaikki, jotka katsovat sitä, sanovat: nyt se on lopullisesti mennyttä. Mutta silti se aina nousee ja tulee kuntoon.

Herra Kristus tarkkailee sitä koko ajan. Hän tietää miten pitkälle koettelemus voi mennä.

Tilanteessa, jossa talo ei kestäisi enää lisää painetta ja vaikeuksia, Herra puuttuu asiaan, nuhtelee tuulia ja aaltoja, ja tyynnyttää kaiken jälleen.

Hän menettelee kuin isä, joka näkee lapsensa vaikeassa ja vaarallisessa puuhassa, tietäen että voi vapauttaa lapsensa siitä milloin vain.

Mutta isä haluaa nähdä, kun lapsi yrittää voimillaan ja taidoillaan kaikkensa. Siksi hän jättää lapsen kamppailemaan yksin, ehkä siihen saakka, että lapsi kokee olevansa ihan loppu, ja ihmettelee eikö isä auta.

Mutta kun tilanne äityy sellaiseksi, että ilman apua lapsi joutuu todelliseen pulaan, yhtäkkiä isä ojentaa auttavan kätensä ja pelastaa hänet.

Näin toimii Herra Jeesus talonsa suhteen, jättäen sen usein kamppailemaan ja painimaan suurten vastustajiensa kanssa, jotta se ryhtyisi käyttämään kaikkia armon lahjoja.

Koko tämän ajan Hän katselee sitä, ja kun vaara on tosi lähellä, Hän ei ole kaukana.

KRISTUS NÄKEE VIHOLLISET

Tulkoon kaikki kirkon viholliset tietoisiksi, että on yksi, joka tarkkailee heitä ja heidän suunnitelmiaan ja hankkeitaan.

Kun he ovat kaivamassa syvää kuoppaa, Hän näkee sen ja nauraa heille makeasti.

Kuinka tyrmistynyt olikaan Syyrian kuningas huomatessaan, että profeetta oli tiennyt kaikista hänen suunnitelmistaan ja ilmoittanut ne Israelin kuninkaalle.

Talon viholliset hämmästyvät syvästi huomatessaan, että talon ylimmäinen ystävä ja protektori tietää joka hetki heidän kaikki aikeensa.

Heidän on turha kehua alhaisia hankkeitaan, sillä Kristuksen silmät näkevät ne koko ajan.

KRISTUS PITÄÄ HUOLTA

Kristus pitää huolen pyhistään.

Pyhillä, olivatpa ketä hyvänsä ja missä tilanteessa tahansa, on etuoikeutenaan, että Kristuksen silmät katsovat heihin alati. Tämä heidän tulisi pitää mielessään.

Hän tarkkailee heitä hyvässä tarkoituksessa ja tuntee heidän sielunsa vastuksissakin. Kun muut silmät eivät heitä näe, hän katsoo heihin, he eivät voi jäädä hänen huolenpitoaan vaille eivätkä kadota hänen näkyvistään.

On monta sieluparkaa, jotka kulkevat raskain askelin päivät pitkät ja valittavat hengessään lohduttomina, ettei kukaan huomaa eikä välitä.

Kristuksen silmät katsovat heihin hyväntahtoisesti koko ajan, heitä ei mikään voi suistaa Hänen tarkan katseensa ja huolenpitonsa ulottuvilta.

KRISTUS TALON ASUKKAANA

Kristus on tämän talon asukas. Hän ei ole suunnitellut ja rakentanut taloa seisomaan tyhjillään, vaan Hän on tarkoittanut sen omaksi asunnokseen. Hän halusi valita Siionin asuinpaikakseen. *Tämä on minun lepopaikkani,* Hän sanoo, *täällä tahdon asua.* (Ps. 132:13-14)

Talo on rakennettu Hänen asunnokseen. (Ef. 2:22)

Hän on pyhien Kuningas ja talo on Hänen hovinsa.

Totta kyllä, Hänen inhimillistä luontoaan koskien, että *taivaan oli määrä ottaa hänet luokseen niihin aikoihin asti, jolloin kaikki asetetaan kohdalleen.* (Apt.t. 3:21)

Kuitenkin Hän asuu tätä taloa nyt kolmella tavalla, Henkensä, armona ja toimitustensa kautta.

HENKENSÄ KAUTTA

Kristus asuu tässä *talossa* ja sen joka ikisessä kivessä Henkensä kautta.

Ettekö tiedä, että Kristus on teissä? Muutoin olette kelvottomia. (2. Kor. 13:5)

Kristus teissä - tarkoittaa Kristuksen Henkeä, Kristusta Henkensä kautta. Siten Pyhä Henki asian ilmaisee: *jos Jumalan henki asuu teissä;* (Room. 8:9) *jos Kristus on teissä.* (Room. 8:9-10)

Kristuksen tai Hänen Henkensä asuminen meissä tarkoittaa samaa: Kristus asuu meissä Henkensä kautta.

Jumalan rakkaus on vuodatettu meidän sydämiimme Pyhän Hengen kautta, joka on meille annettu. (Room. 5:5)

Ei ainoastaan Jumalan rakkautta ole vuodatettu meihin Hengen armolahjana, vaan myös Pyhä Henki on annettu meille.

Tämä vakuutetaan selvin sanoin. Paavali kirjoittaa roomalaisille: ... *hänen Henkensä, hänen, joka herätti Jeesuksen kuolleista, asuu teissä...* (Room. 8:11)

Timoteukselle Paavali kirjoittaa: *Säilytä meissä asuvan Pyhän Hengen avulla se hyvä, mikä on uskottu haltuusi.* (2. Tim. 1:14)

Siksi pyhiä kutsutaan Pyhän Hengen temppeleiksi.

Jeesus Kristus ei rakenna temppeleitä pelkästään luodakseen niihin armoa, vaikutuksineen ja lahjoineen, vaan myös asuakseen niissä itse, Henkensä kautta.

Talon upeana yksinoikeutena on, että Jeesus Kristus ihmeellisellä, mystisellä tavalla asuu talossa ja sen joka kivessä.

Uskovat eivät täten muodosta vain heistä koostuvaa jäsenistöä, vaan mystisen eli hengellisen Kristuksen. (1. Kor. 12:12)

Vaikka olemmekin etäällä Hänen inhimillisestä, fyysisestä olemuksestaan, olemme kuitenkin hengellisesti yhtä - yksi keho, yksi mystinen eli hengellinen Kristus - koska meissä ja Hänessä asuu yksi ja sama Henki.

Jos joku olisi niin kookas, että seisoessaan maan pinnalla hänen päänsä hipoisi tähtiä, niin yhden sielun omaavana hän olisi silti edelleen yksi ihminen.

Vaikka Kristus ihmisluonnossaan on erittäin kaukana meistä, niin kuitenkin kun Hänessä ja meissä on sama Henki, olemme yhdessä yksi mystinen eli hengellinen Kristus.

Kuitenkin huomaa, että vaikka Kristus on yhdistynyt pyhiin (henkilöihin eli persooniin) heissä asuvan Hengen kautta, niin kuitenkaan pyhät eivät muodosta Hänen kanssaan eivätkä Hengen kanssa personaaliunionia.

Personaaliunionista puhutaan silloin, kun kolmiyhteisen Jumaluuden yksi yksilö eli persoona sulauttaa ihmisluonnon itseensä siten, että ihmisyys ja jumaluus yhdentyvät Hänessä.

Asian voi ilmaista myös näin: Kristus ei sulauta pyhiä oman olemuksensa kanssa yhdeksi, vaan asuu kussakin heissä Henkensä kautta.

Lisäksi, kaikki se, mitä meissä asuva Kristuksen Henki tekee ja ilmoittaa, on Hänen puoleltaan vapaaehtoista. Hän toimii niin kuin tahtoo, Hän ilmoittaa mitä tahtoo, jopa asuu missä tahtoo.

Hän ei toimi meissä tavanomaisen työntekijän tavoin, vaan hän toimii vapaaehtoisesti, hän työskentelee siinä määrin kuin Häntä itseään miellyttää.

Siksi, vaikka Hän asuu jokaisessa uskovassa samalla tavalla, eli yhtä todellisesti, niin kuitenkaan Hän ei toimi ja vaikuta samalla tavalla kaikissa.

ARMON JA SEN VAIKUTUSTEN KAUTTA

Armonsa, ja sen vaikutusten ja lahjojen kautta, Kristus asuu tässä talossa ja sen kaikissa kivissä.

Hän asuu *sydämessämme uskon kautta.* (Ef. 3:17)

Hän asuu meissä sanansa kautta, *kaikessa viisaudessa.* (Kol. 3:16)

Armon, vaikutuksineen ja lahjoineen, me saamme hänen täyteydestään. Niiden kautta Hän asuu meissä.

Ne todella ovat ornamentteja talon elävissä kivissä ja ne myös tekevät kivet sopiviksi Herran Kristuksen asuintaloon.

Kristus ei halua asua sielussa, jonka mieli on pimeä, jonka tahto on omapäinen ja jonka halut ovat lihallisia ja säädyttömiä.

Hän antaa sieluun valon, elämän ja rakkauden, jotta siitä tulisi kelpo asunto hänelle.

Kristus asuu koko maailmassa voimansa ja läsnäolonsa kautta, mutta ainoastaan pyhissään Hän asuu Henkensä ja armonsa kautta.

TOIMITUSTEN KAUTTA

Kristus asuu talossa toimitustensa kautta.

Missä kaksi tai kolme hänen omaansa on tullut koolle, siellä Hän on heidän keskellään.

Kristuksen säätämät toimitukset ovat Hänen kuninkaallisen hovinsa mahtavat kaunistukset eli ornamentit, niiden myötä Hän on loistossaan Siionin vuoren kaikissa seurakuntayhteisöissä.

Jotkut haluaisivat kiivaasti estää Kristusta asumasta pyhiensä keskuudessa, mutta aikanaan Hän on moittiva heitä siitä perin pohjin.

Toiset taas haluaisivat työntää Hänet maailmaan, mutta Hän on tekevä ihmisille tiettäväksi, että Hänen säätämänsä toimitukset on annettu Hänen omilleen.

On totta, että joistain niistä koituu hyötyä jopa maailmaan asti, mutta nautintaoikeus Hänen toimituksiinsa on Hänen pyhiensä etuoikeus.

Tällä tavoin Kristus asuu talossaan.

RAKKAUS JA LÄHEISYYS

Herra Jeesus on pyhiensä kanssa läheinen, hän saa heistä iloa.

Hän asuu heidän kanssaan, Hän asuu heissä. Hän ottaa heidät kaikkein läheisimpään yhteyteen kanssaan mitä ikinä vain on mahdollista, Hän heissä, he Hänessä, jotta he olisivat yhtä.

Hän on tehnyt monta ihmeellistä vaihtokauppaa meidän kanssamme.

Hän otti meidän syntimme ja antaa meille oman vanhurskautensa. Hän otti ihmisyytemme ja antaa meille Henkensä.

Eikä ole kyse pelkästä asumisesta keskuudessamme ja meissä, vaan Hän myös pitää rakkainta kanssakäymistä kanssamme kaikin tavoin.

Jos - Hän sanoo - *joku kuulee minun ääneni ja avaa oven, minä tulen sisälle hänen luokseen.* - Entä sen jälkeen? - *Ja aterioin hänen kanssaan ja hän minun kanssani.* (Ilm. 3:20)

NAUTINNOLLISET ATERIAT

Herra Jeesus sanoo: *aterioin hänen kanssaan,* minä iloitsen ja nautin kyllikseni hänen kanssaan. Pyhiensä sydämessä Jeesus Kristus iloitsee ja nauttii valtavasti.

Heidän uskollisuutensa ja hedelmällisyytensä virkistää Häntä ihanasti.

Siksi morsian rukoilee: Herää, pohjatuuli, tule, etelätuuli, puhalla puutarhaani, niin että sen yrttien tuoksut leviävät. Rakkaani tulkoon puutarhaansa ja syököön sen ihania hedelmiä. (Laul.l. 4:16)

Hän haluaisi, että tuoksuyrtteihin, hänen saamiinsa armon
lahjoihin, osuisi Hengen uusi tuulahdus, jotta ne voisivat
antaa ihanaa tuoksuaan.

Ja miksi?

Siksi että hänen Rakkaansa saisi jotain nautinnokseen -
jotta Hän tulisi aterioimaan, syömään hänen ihania
hedelmiään.

Köyhä sielu, joka on saanut ottaa Kristuksen vastaan, ei
halua mitään niin palavasti kuin että voisi tarjota jotain
mistä Hän nauttisi; ettei Hän, joka täytti sielun, kun se oli
nälissään, joutuisi lähtemään pois saamatta mitään, kuten
ennen tapahtui.

Herra Jeesus on erityisen mielissään näistä virvoittavista
antimista.

Kuningas on kiedottu kutreihin kiinni. (Laul.l. 7:5)

Hänet on kiedottu ja sidottu iloisesti, Hän ei tiedä miten
irtautua. Siksi Hän lepää rakastaen. (Sef. 3:17)

Hän saa nauttia kyllikseen pyhistään. Eikä siinä vielä kaik-
ki, sillä kun Kristus tulee, hän tahtoo aterioida kanssam-
me, eikö olekin suurta! Sillä mitä me olemme, Herraamme
vastaanottamaan ja kestitsemään?

KRISTUS TARJOAA
HERKULLISTA

Myös pyhät aterioivat hänen kanssaan.

Hänellä on pyhilleen parasta tarjottavaa, joka virkistää.

Kun Kristus tulee sisään luoksemme, hän tahtoo kestitä

sielua yltäkylläisesti. Hänellä on rakkautta annettavanaan. Kun Kristuksen Henki on annettu meille, *Hän vuodattaa Jumalan rakkauden sydämeemme.* (Room. 5:5)

Hän kaataa sitä vuolaasti ja runsaasti. Ystävät! Rakkaus on parasta juhlaherkkua, ja se, joka ei siitä tiedä, ei tunne hengellisiä juhlapitoja, joissa on tarjolla Kristuksen valmistamat täyteläiset antimet.

HERRA Sebaot valmistaa Siionin vuorella kaikille kansoille pidot rasvaisista ruuista, pidot vanhoista viineistä ja ydinrasvasta, puhtaasta vanhasta viinistä. (Jes. 25:6)

Kristuksella on tarjolla meille *vanhurskautta, rauhaa ja iloa Pyhässä Hengessä.*

Sitä on *Hänen valtakuntansa, joka on meissä.* (Room. 14:17)

Tällaisista arvokkaista aineista Kristus kattaa ehtoollisruokapöydän niille, joiden luona Hän asuu.

Jos Kristus on sinussa, enemmän tai vähemmän, sinulta ei puutu tätä juhlatarjoilua.

Totta puhuen, me käyttäydymme toisinaan kuin mielettömät vieraat, heitämme pöytään kannetun ruoan maahan, muruakaan maistamatta.

Kun Kristus on valmistanut meille makeat ja kalliit herkut, paiskaamme ne lattialle. Hulluuden ja epäuskon vallassa heitämme pois rauhamme ja ilomme.

Se ei silti vaikuta Jumalan totuuteen millään tavoin.

ÄLKÄÄ LOUKATKO KRISTUSTA JA PYHÄÄ HENKEÄ

Asuuko Kristus meissä Henkensä kautta? - eikö meidän pitäisi tarkasti varoa loukkaamasta Hänen Henkeään? Kristuksen Henki on hyvin herkkä. Jos pyhät tiedostaisivat koko ajan, että Kristus asuu heissä - ja että Häntä loukkaa ja surettaa heidän epäuskonsa, sopimattomat intohimonsa, maailmalliset halunsa ja mielettömät kuvitelmansa - he ymmärtäisivät valvoa itseään paremmin.
Häntä virkistää, kun kuljemme hänen kanssaan ja pidämme kanssakäymistä Hänen kanssaan.
Selkänsä kääntäminen Hänelle, ja ystävyys ja yhteys maailman ja lihan kanssa, loukkaa ja murehduttaa Häntä.
Voi, älkää tehkö murheelliseksi Jumalan Pyhää Henkeä, joka on annettu teille sinetiksi lunastuksen päivää varten. (Ef. 4:30)

LOUKKAAMISEN VAKAVAT SEURAUKSET

Jos kuitenkin toimit näin, saanen sanoa sinulle:
Vaikka Hän ei halua kokonaan erkaantua sinusta, eikä lopullisesti lakata osoittamasta ystävällisyyttään sinulle, niin Hän kuitenkin alkaa toimia tavalla, joka saa sinut vapisemaan, sydämesi särkymään tuskasta ja luusi murtumaan palasiksi.

KRISTUS LOITTONEE LUOTASI

Hän loittonee luotasi niin, ettet enää lainkaan tunne hänen läsnäoloaan etkä saa enää kokea iloa, lohtua etkä rauhaa.
Hän peittää kasvonsa saaden sinut uskomaan, että hän on poistunut luotasi lopullisesti. Näin hän tekee, ei yhden päivän tai yön ajaksi, vaan tosi pitkäksi aikaa.
Lähdet etsimään häntä, mutta et löydä, niin, huudat ja pyydät itkien, saamatta mitään vastausta. (Joh. 7:34)
Antaisit koko maailman saadaksesi edes yhden hymyilevän katseen Häneltä, saadaksesi edes kerran sydämessäsi tuntea hänen läheisyytensä - mutta turhaan.
Kun Kristuksen Henki tällä tavoin oli lähtenyt pois Daavidista, hänen väärintekojensa vuoksi, niin ettei hän enää saanut tuntea Hengen läsnäoloa eikä iloa, miten hän huutakaan itkien:
Anna minun kuulla ilon ja riemun ääni, jotta luut, jotka rikoit, voisivat iloita. (Ps. 51:10)
Jos arvostat Kristuksen läsnäoloa niin vähän, että olet valmis riskeeraamaan sen joka tilanteessa, saatat kadottaa Hänet läheltäsi. Tällöin voit jäädä loppuelämäksesi vaille lohtua ja hyvää oloa, jota Hänen läsnäolonsa tuo.
Tutkikaa itseänne - eikö näin olekin joillain teistä?
Etkö olekin kadottanut tuntuman Kristuksen läsnäolosta holtittoman ja epävakaan vaelluksesi takia?
Ehkä et siitä nyt paljoa piittaa, vaan menet eteenpäin kuin Simson hiukset leikattuna, ja oletat pärjääväsi kuten ennenkin; mutta jos filistealaiset hyökkäävät kimppuusi, on työ ja tuska edessäsi, jäät taisteluissasi häviölle ja katkera loppu uhkaa ennemmin tai myöhemmin.

HENGEN VAIKUTUS HIIPUU

Hän kaikkoaa luotasi lakaten vaikuttamasta sinussa, ja jättäen sinut niin heikoksi, ettet pysty vaeltamaan Jumalan kanssa.

Hänen Henkensä on *armon ja nöyrien rukousten Henki.* (Sak. 12:10)

Hän vetää Henkensä pois, jolloin huomaat sydämesi huonon tilan esim. seuraavissa asioissa:

Olet kylmä rukoillessasi. Olet eloton sanankuulossa. Olet vieraantunut meditaatiosta. Olet haluton toimimaan niin kuin pitäisi.

Osanasi on joutua tällaiseen tilaan, josta jo ajatuskin saa herkän sielun vapisemaan.

Voi, miten moni luotu parka on nykyisin joutunut tällaiseen jamaan siksi, ettei ylimielisenä olla vähääkään välitetty siitä, että Kristus asuu heissä.

He ovat hukanneet ensimmäisen rakkautensa, ensimmäisen elämänsä, heidän saamansa armo antimineen on lopussa. Heidän sielunsa nukkuu hengettömänä ja elottomana, hartautta vailla.

He pelastuvat, mutta *ikään kuin tulen läpi.* (1. Kor. 3:15)

PELASTUSVARMUUS KATOAA

Hän kaikkoaa antamasta varmuutta niin tulevasta kuin nykytilastakin.

Meissä asuva Kristuksen Henki on se, joka antaa pelastusvarmuuden, ja tämä Henki on annettu meille *sinetiksi lunastuksen päivää varten.* (Ef. 4:30)

Hän *todistaa* meidän henkemme kanssa, *että me olemme Jumalan lapsia.* (Room. 8:16)

Kun loukkaamme Häntä ja teemme Hänet murheelliseksi, Hän etääntyy meistä tässäkin asiassa.

Joudumme ihan eksyksiin ja pimeään, vailla tietoa miten sielullemme käy ikuisuudessa, sillä jos Kristus Henkensä kautta ei julista rauhaa, kuka sitten?

ARMO JA KOSTO

Asuuko Kristus meissä armonsa kautta?

Meidän tulee tietää ensiksi, mistä armo lahjoineen ja vaikutuksineen tulee, jotta tarpeen tullen tiedämme minne mennä saadaksemme lisää.

Hänen täyteydestään me saamme, ja armon armon päälle. (Joh. 1:16)

Lisää armon antimia saadaan Kristukselta. Apostolit sanoivat Herralle: - *Lisää meille uskoa!* (Luuk. 17:5)

Hän on antanut uskon alun ja Hän myös antaa uskoa lisää.

Minä uskon, auta minun epäuskoani, sanoo köyhä mies. (Mark. 9:24)

Me painimme ja kamppailemme vähäisellä armolla, vähäisellä uskolla, vähäisellä rakkaudella, vähäisellä ilolla, ja olemme tyytyväisiä, jos vain saamme pidettyä päämme vedenpinnan yläpuolella, ettemme kokonaan uppoa ja huku.

Miten ihanaa meillä olisikaan, jos tarkoin tutkittuamme mistä armo kaikkineen tulee, pyrkisimme saamaan sitä yhä runsaammin. Sen myötä Hän voisi asua täydemmin meissä ja saisimme aina Hänen armollista huomiotaan läheisessä yhteydessä Häneen.

Nyt ei ole asiani selittää tarkemmin, miten tähän päästään.

OLKAAMME ARMOLLE HERKKINÄ

Opetelkaamme herkistymään Kristuksen armolle ja sen antimille, sillä niiden avulla hän pysyttelee luonamme.

Tuntekaamme ne herkin sydämin ja olkaamme niistä kiitollisia, niin itsessä kuin muissakin.

Ne ovat takeena siitä, että Kristus asuu ihmisessä sisäisesti.

Jos arvostaa Kristusta, haluaa varmasti yhä enemmän arvostaa Hänen armoaan kaikkine lahjoineen.

Moni väittää rakastavansa Häntä, kunnioittavansa Häntä, ja moni väittää Pietarin kanssa jopa olevansa valmis kuolemaan Hänen kanssaan tai Hänen puolestaan.

Mutta mitä kamalia ennakkoluuloja monilla onkaan, kun Kristuksen armo vaikutuksineen näkyy muissa!

Miten he nimittävätkään armon vaikutuksia tekopyhyydeksi, mielenvikaisuudeksi, hulluudeksi, ylpeydeksi, yksinkertaisuudeksi, he kyllä keksivät nimityksiä.

En ihan helposti pysty uskomaan, että kukaan voisi rakastaa Herraa Jeesusta ja samalla vihata sitä, miten Hän näkyy muissa.

Missä on jotain Kristuksesta, siellä on myös Kristus.

JEESUS KRISTUS, VÄKEVÄ KOSTAJA

Jeesus Kristus on väkevä kostaja, hän kostaa talon puolesta kaiken siihen kohdistuneen vääryyden.
Kaikki, jotka Israelia syövät, tulevat syyllisiksi, Hän sanoo. (Jer. 2:3)
Hän ei pidä syyttömänä ketään, joka nousee sitä vastaan. Katso Jesaja 59: 15-18.
Hän ottaa sydämenasiakseen kostaa talonsa puolesta, onhan se Hänelle rakas ja Hänen rakentamansa. *Eikö Hän hankkisi oikeutta valituilleen? Hän tekee sen viipymättä.* (Luuk. 18:7-8)
Katso myös Jesaja 63:2-6: *Miksi on punaväriä puvussasi, miksi vaatteesi ovat kuin viinikuurnan polkijan? Kuurnan minä poljin, minä yksinäni, ei ketään kansojen joukosta ollut kanssani. Minä poljin heidät vihassani, tallasin heidät kiivaudessani, ja niin heidän vertaan roiskui vaatteilleni, ja minä tahrasin koko pukuni. Sillä koston päivä oli mielessäni, ja lunastettujeni vuosi oli tullut. Minä katselin ympärilleni, mutta ei ollut auttajaa, ja minä ihmettelin, kun ei kukaan tullut tueksi. Silloin oma käsivarteni auttoi minua ja vihani tuli tuekseni. Minä tallasin kansat vihassani ja juovutin heidät kiivaudessani. Minä vuodatin maahan heidän verensä.*
Kuinka peljättävä hän onkaan toteuttaessaan kostotuomionsa vihollisilleen! Sellaisena hänet on kuvattu:
Hän oli pukeutunut vereen kastettuun viittaan, ja hänen nimensä on Jumalan Sana. Häntä seurasivat valkoisilla hevosilla taivaan sotajoukot pukeutuneina valkoiseen, puhtaaseen pella-

*vavaatteeseen. Hänen suustaan lähtee terävä miekka, jotta hän
löisi sillä kansoja. Hän paimentaa heitä rautaisella sauvalla ja
polkee Jumalan, Kaikkivaltiaan, vihan kiivauden viinikuurnan.*
(Ilm. 19:13-15)
Hän on luvannut tehdä tämän talon kivet raskaiksi, mu-
sertavaksi kuormaksi jokaisen päälle, joka niihin kajoaa.
*Sinä päivänä minä teen Jerusalemista väkikiven (raskaan kiven)
kaikille kansoille: kaikki, jotka sitä nostavat, repivät pahoin it-
sensä.* (Sak. 12:3)
Hän saapuu maan pohjalta, myrttipuiden keskeltä - tällä kuva-
taan Hänen alhaista kansaansa alhaisessa tilassaan - *puna-
ruskea hevonen jäljessään.* (Sak. 1:8)
Tällä tavoin Hän kauhistuttavasti hajotti pakanallisen Roo-
man Keisarikunnan. (Ilm. 6:12-17)
Ja yhtä kauhistuttavasti hän on tuhoava antikristillisen
Rooman vallan, kaikkine kannattajineen. (Ilmestyskirja,
luvut 17, 18 ja 19.)
Ennemmin tai myöhemmin Hän on vaativa tilille kaikki
vainoihin osallistuneet.
Siksi Hänen on sanottu olevan talonsa puolesta kuin
leijona, joka tallaa maahan kaiken edessään. (Miika 5:7)
Jaakob kuvaa Häntä Juudana: *Hän on kuin leijona, kuin
vanha leijona. Kuka uskaltaa herättää hänet sijoiltaan?*
(1. Moos. 49:9 KJV)
Kuvittele, mitä tapahtuu, jos joku herättää hänet pystyyn?
*Hän ei paneudu makuulle takaisin, ennen kuin on syönyt
saalista ja juonut surmattujen verta.* (4. Moos. 23:24)
Moni luotu parka, vastustaessaan tätä taloa, on herättänyt
leijonan jaloilleen, ja millä seurauksilla? Miten Häntä
onkaan yritetty saada takaisin makuulle, ja ihan turhaan.

Jos Hän on noussut jaloilleen, Hän ei pane maata ennen
kuin on syönyt ja juonut saaliinsa verta.
Mutta - kuvittele, että häntä vastaan on kerätty iso joukko,
eikö hän jo lannistu? - Ei sitten ollenkaan!
*Hän on oleva kuin leijona saaliillaan. Jos vaikka suuri joukko
paimenia on kutsuttu Häntä vastaan, Hän ei säikähdä heidän
huutoaan eikä välitä heidän hälinästään.* (Jes. 31:4)
Lyhyesti: ennemmin tai myöhemmin, ajassa tai
iankaikkisuudessa, Hän on kostava kaiken vääryyden ja
tuhoava jokaisen Hänen pyhän asumuksensa vastustajan.
(2. Tess. 1:6-10)

5. LOPUKSI

Olen nyt selvitellyt Herran Kristuksen monitahoista
suhdetta Jumalan huoneeseen eli taloon.
Hänet on tehty sen ihanuudeksi ja kunnian loistoksi,
kauneudeksi ja komeudeksi.
Hän kantaa rakennusta perustuksena, johon kaikki
rakennuksen kivet liittyvät, muurattuina toisiinsa
uskon, rakkauden ja järjestyksen avulla.
En käsittele tätä asiaa ja Raamatun tekstiä enää
pitemmälle.
Käytännön tasolla on kyse elävistä ja kuolleista kivistä
sekä vainosta.

ELÄVÄT KIVET

Katso mitkä verrattomat edut ja etuoikeudet ovat niillä,
jotka todella ovat elävinä kivinä osa tätä taloa, taloa, joka
on elävä, luja ja kunnian kirkkautta loistava, taloa, jolla on
hyvin läheinen suhde Herraan Jeesukseen.
Talon kivillä on tehtäväkenttää, kunniaa ja turvallisuutta
enemmän kuin sanoin pystytään ilmaisemaan.
On mahtavaa saada palvella Kristusta Hänen omanaan, on
kunnia saada olla Hänen omansa ja tulla turvatuksi Hänen
omanaan; nämä ovat valtavia etuoikeuksia.
Ne, jotka ovat jollakin tavalla tulleet tuntemaan näitä
asioita, perehtykööt niihin vielä lisää.

KUOLLEET KIVET

Oppikaamme tästä, miten turhaa on tukeutua kirkollisiin
etuoikeuksiin vain ulkoisesti, jos hengellinen puoli ei kiin-
nosta.
Kun oikeasti ollaan eläviä kiviä, ollaan seurakuntayhtei-
söissä kauniisti ja järjestyksessä.
Mutta jos näin ei ole, vaan seurakuntayhteisöt on raken-
nettu kuolleesta hylkytavarasta, ei auta, vaikka huudetaan:
- Herran huone, Herran rakennus!
Herraa Jeesusta kauhistuttaa tällaiset seurakuntayhteisöt,
Hänellä ei ole niihin edellä kuvailtua suhdetta.

VAINO

Katsokaa mitä kaikkea tuhoa vaino on maailmassa saanut
aikaan. Vaino on ollut monimuotoista ja monitahoista, sitä
on perusteltu monilla verukkeilla. Kaikenlaiset ihmiset
ovat harjoittaneet vainoa eri aikoina.
Mikä on ollut vainoamisen tulos?
Totta, Herran huoneeseen on aika ajoin isketty, mutta sitä
vastaan hyökänneet ovat
itse murskaantuneet palasiksi.
Tulisiko jäljelle jääneiden jatkaa vainoamista samalla taval-
la, joko uusin verukkein tai uudennäköisiksi maalattujen
vanhojen verukkeiden nojalla? Koituisiko siitä heille hy-
vää?
Sinä, Herra Jeesus, olet hylkäävä heidät vihassasi.

LOPPURUKOUS

Herra avatkoon ihmislasten silmät, etteivät he toivon mukaan enää tekisi eroa Kristuksen ja Hänen pyhiensä välille, joihin Hänellä on niin monitahoinen ja ikuisesti pysyvä suhde!
Kiitos ja kunnia ainoalle ja viisaalle Jumalalle aina ja iankaikkisesti Jeesuksen Kristuksen kautta. Aamen.